AF305806

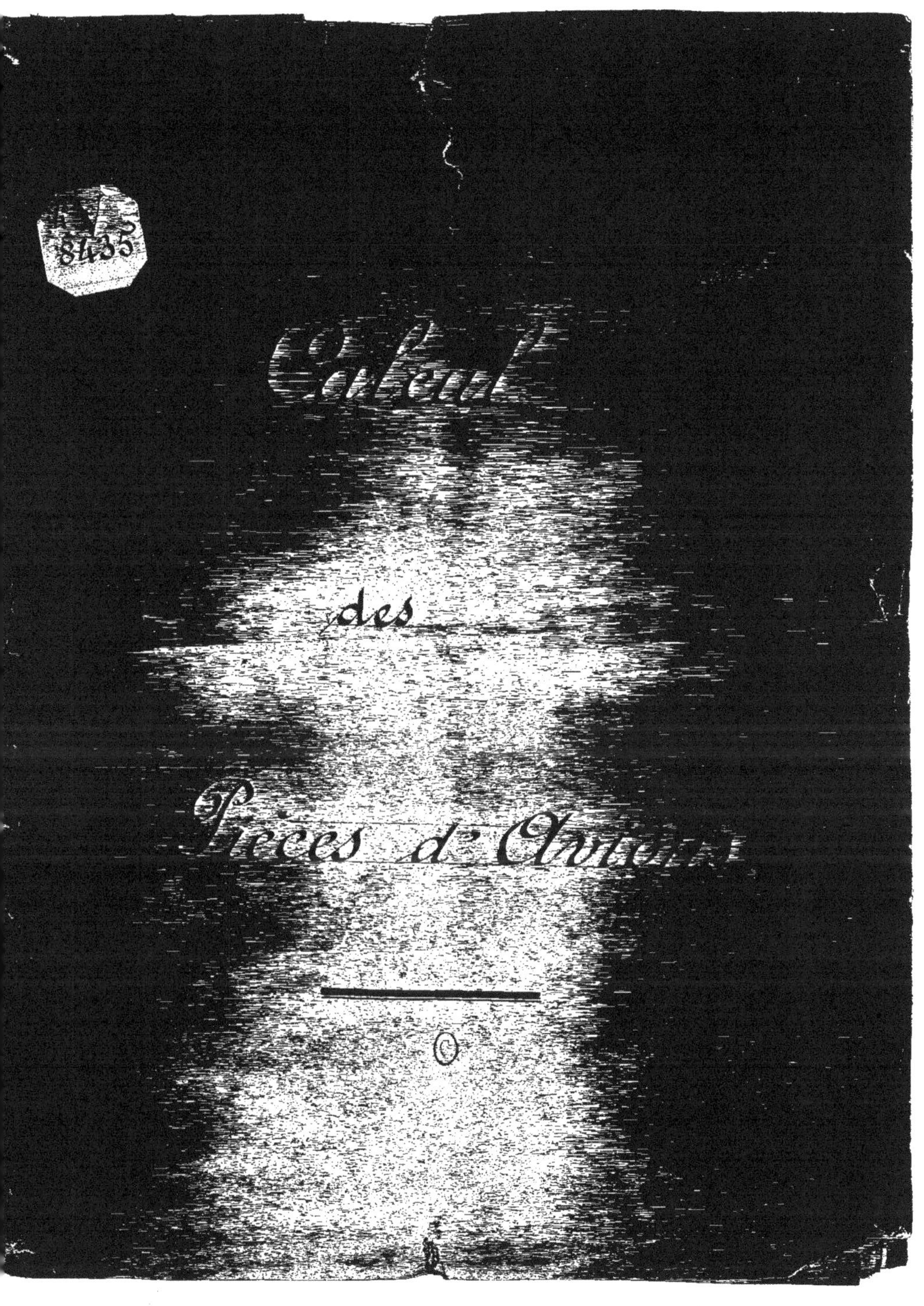
Calcul
des
Pièces d'Artillerie

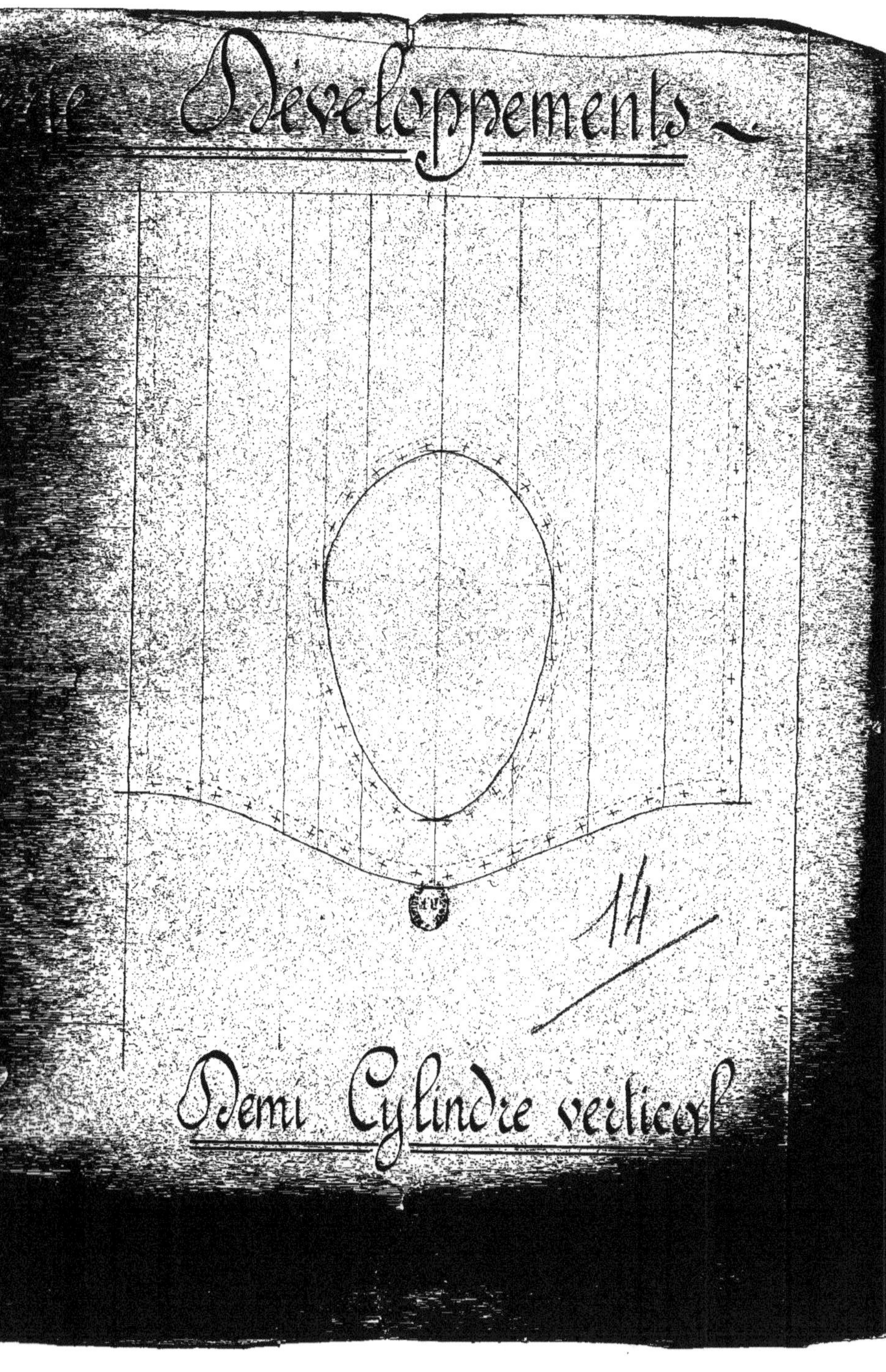

Développements
Demi Cylindre verticaf

CALCUL DES PIECES D'AVIONS

Le calcul statique d'un avion s'applique surtout aux ailes et surfaces portantes.

Le monoplan a deux ailes, une de chaque côté. Le biplan en a quatre, qui constituent, par paires, le plan supérieur et le plan inférieur. Ces quatre ailes sont réunies l'une à l'autre par des mâts et des haubans; leur ensemble forme une cellule.

Dans le cas d'un monoplan, les dispositions les plus ordinaires sont les suivantes: les ailes sont attachées au fuselage par des articulations: il est donc nécessaire, d'une part, de suspendre les ailes à la cabane par des câbles ou des tirants, d'autre part, de les attacher au fuselage ou au train d'atterrissage par des câbles de retenue, pour résister aux efforts de sustentation.

Dans le cas d'un biplan, les ailes supérieures sont généralement attachées à la cabane, les ailes inférieures au fuselage.

La structure intérieure d'un plan ou d'une aile est toujours analogue à celle représentée sur la figure: 2 longerons supportent les nervures, sur lesquelles on tend la toile, et qui donnent à l'aile son profil. Ces nervures transmettent en outre aux longerons les actions de l'air sur l'aile. Entre les longerons, on dispose des entretoises et des cordes à piano, pour résister aux efforts dans le plan de l'aile.

Une fois les ailes calculées, il faudra examiner leurs appuis et leurs liaisons. La cabane est une partie fondamentale de l'appareil au point de vue résistance. Le chassis d'atterrissage a besoin d'être calculé, tout au moins d'une manière approchée. Quant au fuselage, jusqu'à présent, il n'y a pas de méthode officielle, chacun ayant sa routine particulière. Nous essayerons cependant d'indiquer un procédé rationnel.

Le calcul des attaches et des ferrures a, en aviation, une importance encore bien plus considérable que dans le cas d'une ferme ou d'un pont: elles doivent être calculées comme il convient, et aussi largement que possible.

En résumé, l'étude des pièces d'un avion, au point de vue Résistance des matériaux, pourra se sérier de la façon suivante :

A/ Cellule
- I/ Ailes ou surfaces portantes
  - a) Longerons
  - b) Contreventement intérieur – entretoises, haubans et cordes à piano

II/ Mâts de cellule – Tirants et Haubans

III/ Cabane

B/   Fuselage

C/   Organes de direction et de contrôle

D/   Train d'attérissage

E/   Attaches et ferrures

Dans le cas d'un hydravion, le train d'attérissage sera remplacé par des flotteurs

****

CONDITIONS DE RÉSISTANCE D'UN AVION.

Un avion doit résister d'une part aux efforts qui se développent dans le vol normal, d'autre part aux efforts qui prennent naissance, ou bien au cours d'acrobaties: descentes piquées , retournement, cabrage, ressource, etc......, ou bien au cours de certaines circonstances particulières: attérissage brutal par exemple.

Il y a en outre toute une série d'efforts dont il est bien difficile de calculer la grandeur, mais dont l'influence néfaste est indiscutable: il s'git des réactions et des vibrations du moteur, qui causent de grosses altérations dans la résistance des matériaux utilisés.

1°/ VOL NORMAL.

Pendant le vol normal, c'est-à-dire le vol horizontal, rectiligne et uniforme, les seules forces qui entrent en jeu sont les suivantes :

1°/ le poids total Π de l'avion, qui comprend d'a-
bord les poids des fuselages, des groupes motopropulseurs et de
charges diverses emportées. Nous supposerons que ces poids sont
concentrés chacun en leur centre de gravité. Il y a en outre le
poids de la cellule proprement dite: nous le considérerons comme dû à une charge uniformément répartie, appliquée en chaque
élément de cellule.

Si nous désignons par :

p_1' le poids de la cellule

p_1'' le poids des fuselages,

On a, p_1 étant le poids du planeur:

$$p_1 = p_1' + p_1''$$

Si d'autre part, on désigne par :

p_2 le poids des groupes motopropulseurs

p_c le poids de combustible, essence et huile,

emporté.

p_u le poids utile.

on a :

2°/ Les réactions de l'air sur l'avion. Celles q
s'exercent sur la cellule admettent une résultante R qui se d
compose en deux : une composante verticale, dite de sustentat
et une composante horizontale, dite de trainée.

Quand aux réactions de l'air sur le restant de la
machine, fuselage et organes analogues, elles se réduisent pr
que uniquement à une composante de trainée.

3°/ <u>L'action de l'hélice</u>: Une traction P, et un couple. Le couple tend à faire tourner l'avion autour de l'axe de l'hélice, et en sens contraire de celle-ci: on l'équilibre par un artifice quelconque.

Toutes ces différentes forces doivent se faire équilibre.

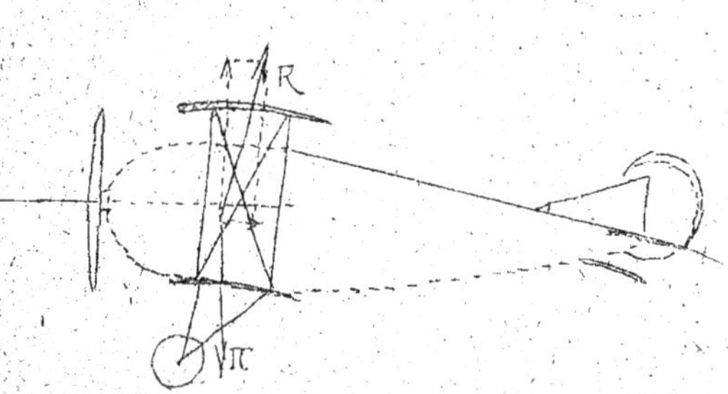

En particulier, la traction P, qui est appliquée au moteur et transmise par celui-ci au fuselage, doit équilibrer l'ensemble des composantes de trainée.
Celles qui sont relatives aux fuselages sont en général équilibrées directement par suite de la liaison directe de ces organes avec les groupes motopropulseurs.

Il en résulte que les seules composantes de trainée qui interviennent dans la fatigue des membrures de la cellule, sont en général celles relatives à cette cellule.

D'après le Capitaine TOUSSAINT, la résistance totale à l'avancement d'un avion de finesse moyenne peut atteindre au maximum, en vol normal, 1/3 du poids total P , et les résistances à l'avancement relatives aux ailes interviennent dans ce total pour environ la moitié, soit 0,15 P .

Il ne reste plus maintenant que deux forces en présence
le poids de l'appareil, et la force de sustentation dûe à l'action de l'air sur les plans.

Quand l'appareil vole sous un grand angle, le centre
de pression de la force de poussée est très en avant: pour les
ailes les plus employées à l'heure actuelle, il est environ au
tiers avant de l'aile. A mesure que l'angle d'attaque diminue, le
centre de pression se déplace vers l'arrière. Dans le premier cas,
la plus grande partie de la charge porte sur la face avant de l'appareil, dans le 2° cas, elle porte sur la face arrière. Il sera
donc nécessaire, au point de vue résistance, d'examiner l'appareil dans les deux cas.

Pour une certaine incidence, le centre de pression sera
sur la même verticale que le centre de gravité de l'appareil, et
sous cet angle, la force de sustentation et le poids total de l'appareil se font équilibre.

Mais sous n'importe quel autre angle, on a un couple qui
tend à faire cabrer ou piquer l'appareil, suivant que le centre de
pression est en avant ou en arrière du centre de gravité.

Le plan de queue intervient pour
compenser ce couple, et il y a lieu
de tenir compte de la charge qu'il
supporte, pour calculer les forces
appliquées aux plans principaux.

Soit S la poussée due à l'air
sur la cellule, x la distance du

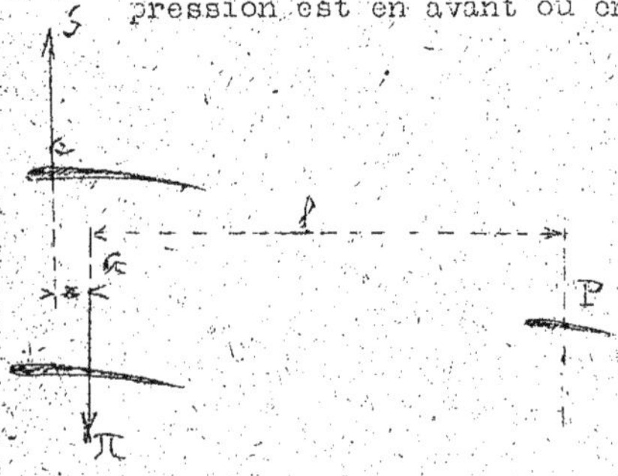

centre de gravité de l'appareil au centre de poussée, P la charge sur la queue. P peut être dirigée de haut en bas ou de bas
en haut, nous verrons dans quelles conditions.

En prenant les moments des forces par rapport au
centre de poussée de la queue, il vient :

$$\pi \ell = S (\ell + x)$$

$$S = \frac{\ell}{\ell + x} \pi$$

Nous compterons x négativement dans le cas où le
centre de pression est en arrière du centre de gravité: de cette
façon, la formule précédente est générale.

La valeur ainsi calculée de S est le chiffre correct
à employer dans la recherche des efforts sur la cellule: il est,
à remarquer qu'en général elle est très peu différente de π

Cependant, il y a un cas où la charge sur la queue
constitue une partie importante du poids transporté. Considérons
un hydravion monomoteur: il faut percher le moteur à une certaine hauteur au-dessus de la coque, afin de le soustraire aux
paquets d'eau. On obtient alors un axe de traction très élevé
par rapport au centre de gravité général de l'appareil, qui, en
vol normal, tend à piquer.

Quand on coupera les gaz, au contraire, il cabrera,
par suite de la disparition de la traction de l'hélice.

La méthode généralement adoptée pour remédier à cet
inconvénient consiste à donner au plan de queue un angle et une

position tels qu'il soit soufflé par l'hélice: il est soumis de ce fait à une force dirigée de haut en bas, qui contre balance la traction de l'hélice.

Quand on coupe les gaz, les deux forces disparaissent simultanément, et l'appareil reste stable.

Quoi qu'il en soit, la charge supportée par la queue, est dans ce cas, très considérable, et il faut en tenir compte.

2°/ DESCENTE PIQUEE.

Quand l'appareil descend à pic, il est soumis à des forces qui diffèrent notablement de celles que nous venons d'étudier dans le vol normal.

A mesure que l'incidence diminue, le centre de poussée de la réaction de l'air sur les ailes se déplace vers l'arrière. Tant qu'il se trouve entre le longeron avant et le longeron arrière de l'aile, les deux faces de la cellule supportent chacune, comme dans le vol normal, des charges dirigées de bas en haut.

Mais quand l'incidence est telle que le centre de pression passe derrière le longeron arrière, la direction des charges est avancée dans la face avant de la cellule, et les membrures qui, dans le vol normal, ne travaillaient pas, peuvent avoir maintenant à résister à des efforts considérables.

En même temps, le taux de travail augmente dans la face arrière.

Le cas extrême se produit quand l'appareil tombe, sous l'incidence correspondant à une poussée nulle, d'une hauteur telle qu'il atteint sa vitesse limite. Le centre de poussée est à l'infini, et les ailes sont soumises à un couple, qui tend à accentuer le plongeon de l'appareil, et qui est équilibré par une charge dirigée de bas en haut sur la face arrière de la cellule, et par une charge dirigée de haut en vbas sur la face avant.

En même temps, la queue supporte, elle, une charge dirigée de haut en bas, et ce sont les conditions les plus défavorables pour le gouvernail de profondeur et l'armature du fuselage.

La variation des charges sur les deux faces de la cellule a été étudiée en Angleterre sur un appareil employant l'aile R.A.F. 6 pour toute la série des angles de vol.

Le résultat de ces recherches est indiqué sur les diagrammes ci-contre: l'allure en est la même pour tous les appareils et pour toutes les sections d'ailes.

Dans ce cas particulier, le diagramme montre que, tant que l'incidence est inférieure à - 0°,5, la cellule travaille comme dans le vol normal; pour des incidences inférieures à -0°,5, les efforts dans la face sont inversés, et passent par un maximum correspondant à une incidence de 2°,8 : cet angle correspond, au cas d'une chute, à la vitesse limite. La charge sur la face avant est d'environ 1,7 fois le poids de l'appareil

A mesure que l'on diminue les résistances à l'avancement d'un appareil, la valeur de cette charge augmente, et dans
le cas d'un petit avion de combat moderne, elle peut atteindre
2,5 fois et 3 fois le poids de l'appareil.

En outre des efforts précédents, la cellule a encore à résister à des efforts de trainée importants, qui, lorsque l'appareil atteint sa vitesse limite, peuvent atteindre environ 50 % du poids total de l'appareil; ces efforts de trainée
ont une grosse influence sur le haubannage intérieur des ailes
et augmentent la compression dans les longerons arrières: il est
donc nécessaire d'étudier sérieusement ce cas particulier.

Dans le diagramme précédent, on a figuré la variation des efforts de trainée: on remarquera que dans ce cas particulier, ils sont exceptionnellement faibles.

3°/ Looping et Ressource.

Les forces étant proportionnelles au carré de la
vitesse, les efforts maxima se produiront vraisemblablement quand
l'appareil atteindra sa plus grande vitesse: mais il faut se sou-
venir que, par suite de la force limitée du pilote, il peut être
impossible aux grandes vitesses de mettre l'avion dans la position du plus grand effort correspondant à la plus grande vitesse.

Considérons un avion piquant verticalement, moteur
arrêté: la vitesse s'accroît d'abord, et tend asymptotiquement
vers une vitesse limite bien définie. Au bout de quelques secondes, la vitesse de l'appareil diffère très peu de cette vitesse

limite.

Supposons qu'à ce moment l'incidence des ailes passe brusquement de l'angle de poussée nulle, ou d'un angle très voisin, à l'angle correspondant à la poussée maxima, la vitesse restant pour le moment sans changement. La force exercée par l'air sur les ailes sera égale au poids de l'avion multiplié par le carré du rapport de la vitesse limite à la vitesse de cabrage.

Dans la plupart des appareils actuels, cette force est suffisante pour tout briser.

Afin d'augmenter l'incidence, le pilote essaie de manoeuvrer le gouvernail de profondeur: aux grandes vitesses, la traction à effectuer sur le manche à balai est considérable, même pour des mouvements de faible amplitude.

En réalité, dans tous les appareils actuels, suaf dans les très petits, l'augmentation de l'incidence est limitée d'une manière décisive par la vigueur du pilote.

Connaissant ce facteur, on peut déterminer l'effort maximum que l'on peut imposer aux ailes, d'une façon courante.

On peut admettre que l'effort maximum qu'un pilote peut exercer sur un manche à balai est d'environ 60 Kgs. mais cet effort ne peut être soutenu que très peu de temps: c'est un effort instantané.

L'effet produit lpar une semblable traction dépend en outre, évidemment, de la démultiplication des commandes et de la compensation du gouvernail de profondeur.

Si la compensation est suffisante, le pilote peut augmenter l'incidence, et par suite les efforts, jusqu'à ce que la manoeuvre du gouvernail devienne impossible, ou bien jusqu'à ce que l'on atteigne la charge de rupture.

La question de savoir lequel de ces deux derniers cas se produit le premier dépend essentiellement du type de l'appareil, et en particulier de l'importance du gouvernail de profondeur. En réalité, dans la plupart des appareils existants, on atteint la charge de rupture avant que l'autre alternative se produise.

Si les gouvernails de profondeur de deux appareils semblables, de dimensions différentes, sont également compensés, et si le dispositif de commande est exactement le même, les efforts possibles sontplus considérables dans un petit appareil que dans un grand. C'est ce qui rend légitime la grandeur du coefficient de sécurité des appareils de chasse, par rapport aux coefficients de sécurité des appareils de bombardement.

Les charges sur la queue de l'appareil dépendant, dans une grande mesure, de la manière dont se déplace le gouvernail de profondeur. Plus la manoeuvre est brusque, et plus l'effort maximum sur la queue est considérable. La raison est sans doute que la rotation de l'avion autour de son centre de gravité soulage la queue, et les forces qui lui sont appliquées ne peuvent atteindre leurs valeurs entières que si le pilote produit un effort d'une manière instantanée, sur le manche à balai.

Une méthode analytique destinée à étudier le problème de la ressource et du looping dans toutes ses phases, est assez compliquée. Il est nécessaire de formuler un assez grand
nombre d'hypothèses compatibles avec les soucis de l'expérience.

Cependant, on peut rechercher la limite théorique
des efforts pendant une ressource, en supposant que la maniabi-
lité de l'appareil soit telle, qu'il obéisse instantanément aux
gouvernes, et que la force du pilote soit suffisante pour donner
au gouvernail de profondeur la position nécessaire pour passer
de l'incidence du vol piqué, à l'incidence de cabrage donnant
la portance maximum.

Nous supposons que durant le vol piqué, l'appareil
ait atteint sa vitesse de régime. Pour l'angle d'incidence considéré, que nous pouvons supposer par exemple égal à l'angle de
portance nulle, on aura :

$$Rx \; \frac{V_p^2}{13} \, \mu_1 = \pi$$

en posant :

$$\mu_1 = \frac{\rho}{\rho_0}$$

ρ et ρ_0 étant les densités de l'air à l'altitude considérée et
au vol (voir Dynamique de l'avion). Par suite, la vitesse de régime du vol piqué sera :

$$V_p^2 = \frac{\pi}{Rx} \; \frac{1}{\mu_1}$$

D'après l'allure générale des polaires d'avion, il est facile de voir que, aux faibles incidences, on peut poser:

$$Rx = c^{te}.$$

Par suite, au vol, on aura le même Rx, et l'on pourra écrire, en appelant V_o, la vitesse de l'avion en vol horizontal au sol :

$$\pi = Ry \, \frac{V_o^2}{13}$$

et :

$$\pi \frac{Rx}{Ry} \, \frac{V_o}{3,6} = 75 \, \ell \, T_o$$

En multipliant les deux équations manche à manche on en tire :

$$Rx = \frac{75 \, \ell \, T_o}{V_o^3} \, 13 \times 3,6 = \frac{3500 \, \ell \, T_o}{V_o^3}$$

et par suite :

$$V_p^2 = \frac{1}{3500 \, \ell \, T_o} \, V_o^3 \, \frac{1}{\mu}$$

Le plus grand effort de sustentation qui pourrait être obtenu théoriquement, serait le passage brusque du vol piqué à vitesse limite V_p à un vol horizontal à l'angle de portance maxima, sans diminution appréciable de vitesse. La composante de sustentation aurait alors pour valeur, en supposant l'appareil voisin du sol :

$$Ky_{max}, \, S \, \frac{\pi}{3500 \, \ell \, T_o} \, V_o^3 = (Ky)_{max}. \frac{S}{T_o} \, \frac{\pi}{3500 \, \ell} \, V_o^3$$

En vol normal, la composante de sustentation a pour valeur π. Par suite, on peut dire que dans ce cas, le coefficient de sécurité à affecter à l'avion sera :

$$n = (Ky)_{max}. \frac{S}{T_o} \quad V_o^3 \quad \frac{1}{3500 f}$$

Ce coefficient de sécurité est certainement bien
supérieur à ce qu'on peut demander dans la pratique, les hypothèses d'où l'on est parti n'étant jamais réalisées exactement
quel que soit le type d'avion considéré.

La section Technique de l'Aéronautique Française
impose aux avions qui lui sont proposés les coefficients de sécurité suivants :

Appareils de chasse
et de combat $\qquad n = 10 \frac{S}{T_o} \left(\frac{V_o}{100}\right)^5$

Appareils de corps
d'Armée et autres : $\qquad n = 7,5 \frac{S}{T_o} \cdot \left(\frac{V_o}{100}\right)^3$

En mettant en équation le problème, on peut faire
ressortir les éléments principaux du théorème, et tirer un certain nombre de conclusions .

On s'est efforcé d'obtenir des renseignements expérimentaux, au moyen d'appareils enregistreurs.

Le principe de ces appareils est toujours le même
il réside dans ce fait que l'accélération d'un aéroplane dans
une direction quelconque peut être trouvée, si l'on peut me-
surer les forces nécessaires pour faire mouvoir un corps avec
une accélération égale en quantité et en direction à celle de
l'avion.

La méthode la plus simple pour arriver à ce résultat serait d'employer un dynamomètre ayant la forme d'un res-

sort très léger supportant une masse M à son extrémité. L'extension du ressort permet de trouver la force $M\Gamma$ qui agit sur M, et par suite l'accélération Γ .

Comme en général l'accélération ne reste pas constante, la position de la masse M par rapport à l'extrémité A du ressort, n'est pas invariable, et par suite il y aura des oscillations gênantes pour l'observation à un moment donné.

Il faut que le mouvement de M soit suffisamment rélenti pour que, si l'accélération passe de Γ_1 à Γ_2 la longueur du ressort varie de l_1 à l_2 presque brusquement sans interposition d'une série de nombreuses oscillations. Il est en outre nécessaire que la période d'amortissement soit aussi petite que possible, afin que l'on puisse observer des changements d'accélération à intervalles aussi brefs que possible.

L'instrument avait été autrefois réalisé par une capsule de Maret, qui avait semblé donner d'assez bons résultats. Plus récemment M.M. Lindemann et Searle en Angleterre l'ont réalisé sous la forme d'un arc semi-circulaire en fibre de verre, d'environ 1/100 de m/m de diamètre, le rayon de 1/2 cercle étant d'environ 13 m/m . Cette fibre est disposée à l'intérieur d'une boite: ses deux extrémités sont fixes par rapport à la boite et le reste du 1/2 cercle est libre.

La fibre remplit à la fois les fonctions du ressort et de la masse dans le dynamomètre indiqué dans ce qui précède.

Supposons la boite disposée de telle façon que le plan de la fibre soit horizontal: si on soumet l'ensemble à une accélération verticale de bas en haut, la fibre de verre se courbera dans la direction opposée, jusqu'à ce que l'élasticité développe une force égale à celle qui correspond à l'accélération donnée.

La période d'oscillation est d'environ 1/20 de seconde et le mouvement est très amorti par la viscosité del'air.

La fibre est éclairée en un point par un dispositif optique et ses déplacements sont enregistrés par la cinématographie.

Le calibrage de l'instrument se fait facilement de la manière suivante :

La boite est d'abord placée sur une surface horizontale, de manière que le plan de la fibre soit bien horizontal, puis on renverse la boite sens dessus-dessous et on la remet sur la surface horizontale: la distance mesurée sur le film, entre les 2 images, perpendiculairement à leur direction commune, correspond au double de la pesanteur.

Si on dispose verticalement le plan du 1/2 cercle l'image obtenue dans cette position correspond à une accélération 0 dans un espace où la pesanteur n'a pas d'effet.

La déflexion h du sommet de la fibre, à partir du plan horizontal passant par ses extrémités, due à la pesanteur est donnée par la formule :

$$h = Cg \frac{r^4}{a^2}$$

r étant le rayon du 1/2 cercle, a le rayon de la section de la fibre, et C une constante pour la matière employée; h sera amplifié sur le film par un système optique approprié.

Enfin la période d'oscillation pour les vibrations lperpendiculaires au plan d'équilibre est :

$$T = b \frac{r^2}{a}$$

B étant une constante pour la matière de la fibre. Pour le verre :

$$B = 0,000012$$

Dans un avion la boite sera placée de telle sorte que le plan de la fibre en verre soit horizontal, dans le vol normal de l'avion.

Soit une molécule de masse m se déplaçant avec l'avion : elle est soumise à 2 forces: l'une est son poids mg l'autre est la force exercée sur cette molécule et due à l'accélération de l'avion. Cette dernière peut être considérée comme égale à la résultante de 3 forces mutuellement perpendiculaires, l'une parallèle à l'axe de l'hélice, l'autre parallèle à l'envergure, et enfin la troisième perpendiculaire aux 2 autres: c'est uniquement la dernière de ces composantes qui agit d'une façon appréciable sur les molécules de la fibre de verre. La déflexion de la fibre est enregistrée sur le film, et la distance de l'image obtenue à la ligne correspondant à l'accélération 0 dans un espace où la pesanteur ne se fait pas sentir, est proportionnelle à la force agissante.

Si cette distance est de H centimètres tandis que celle due à la pesanteur est de h, l'accélération correspondante aura pour valeur :

$$f = g \frac{H}{h}$$

Les ailes font pour l'avion, ce que l'avion a été censé de faire pour 'la molécule m. Si donc on néglige la masse des ailes, et l'action aérodynamique sur le fuselage et les parties analogues, la force exercée sur la masse M de l'avion dans une direction perpendiculaire au plan de la fibre, est :

$$F = Mg \frac{H}{h}$$

Quand l'avion est en vol normal l'axe de l'hélice est horizontal. Si la masse de l'avion est M, la force verticale exercée par les ailes est Mg. Mais si le tracé sur le film montre que par exemple, en sortant d'un vol piqué, il y a une valeur maxima de la déflexion égale à n fois h, c'est que la force maxima exercée par les ailes sur l'avion dans la direction considérée était n Mg.

Les expériences faites dans le courant de 1917 sur un appareil B.E.2 C. ont conduit aux résultats suivants, enregistrés sur la photographie ci-jointe.

Les lignes horizontales servent d'échelle pour la poussée, chaque intervalle correspondant à g; les intervalles entre les lignes verticales correspondent à 5 secondes.

A   virage à 45° environ   )
B   virage brusque à 60°   )
C. virage très lent à 20°)   vitesse d'environ
D. tournant très brusque)   96 km/heure
E   cabrage subit à 128 km/heure
F   cabrage subit à 130 km./heure

Dans les 2 derniers cas, la poussée augmente rapidement au moment du cabrage, puis en 2 secondes, elle passe à 0,4 g et garde cette valeur pendant 12 secondes ; en même temps l'appareil commence à piquer et à reprendre de la vitesse.

G looping commencé à 153 km/heure
H looping commencé à 140 km/heure.

Dans le premier cas la poussée atteignit environ 3,2 g au départ, puis diminua jusqu'à environ 0,1 g au sommet, puis augmente de nouveau jusqu'à 2 g environ : l'appareil sort alors de la boucle au bout de 15 secondes.- Résultats analogues dans le deuxième cas.

I)
) Tonneau.
J)

Il se trouve que dans le B.E.2 C., paraît -il, le tonneau est difficile à exécuter correctement, car on ne peut guère empêcher l'appareil de piquer. C'est ce qui explique la grande valeur de l'accélération - 2 g et 2,3 g - quand la machine sort du tonneau. Le point où la machine est sens dessus dessou

est bien marqué, et il convient de remarquer que le B.E.2 C.
peut être mis sur le dos en 3 secondes environ. Le temps nécessaire à un avion de chasse n'est pas beaucoup moindre,
mais la force à appliquer au manche à balai est bien plus petite.

K) plongées suivies de la remise en vol normal
L) par abandon des commandes.

M)
N) effet d'un rapide va et vient de manche à balai
O) dans le sens longitudinal.
P)

Q) descente en vrille de 600m. à 88 km/heure. La
) poussée n'excède jamais 2 fois le poids de l'ap-
) pareil.

R) spirale ordinaire. La poussée peut être bien
) plus grande que 2 fois le poids de l'appareil.
) Le rapport de la poussée au poids augmente jus-
) qu'à environ 2,8 à mesure que la spirale devient
) plus rapide. La vitesse du vent était de 112 km/H.

S) Effets des coups de vent. La poussée varie de 0,5
) à 1,5 fois le poids par vent ordinaire. Les accé-
) lérations varient de 0,5 g en moins à 0,5 en plus.
) La vitesse du vent était d'environ 48 km/H. à 580m
) d'altitude.

T) effet de l'attérissage.

Les expériences qui précèdent montrent qu'avec le B.E.
2 C., en aucun cas, la poussée ne peut excéder 4 fois le poids
de l'aéroplane.

Mais il s'agit là en somme, d'acrobaties normales, bien
exécutées, avec un appareil de vitesse réduite et dont les effets sont certainement bien inférieurs à ce qui peut se produire accidentellement.

Jusqu'à ces derniers temps on s'est contenté, pour tenir compte des conditions anormales de vol des appareils cou-
rants, d'adopter pour le calcul des avions des coefficients de
sécurité que l'expérience avait consacrés et qui sont bien supérieurs à ceux que les résultats précédents semblent devoir
indiquer.

ATTERISSAGES : Les efforts qui se produisent pendant
l'attérissage ne sont pas très importants, comparés à ceux qui
se produisent pendant un vol normal. Le chassis supporte le
choc de l'attérissage mais dans la plupart des cas l'énergie
est observée par quelque dispositif amortisseur.

En raison de ces efforts, le chassis doit être renforcé
dans le voisinage immédiat du fuselage. Le coefficient de sécurité à adopter est un chiffre assez arbitraire : on estime qu'
il doit être égal à 4 pour un avion terrestre et 6 pour un hydravion.

Il ne faut pas oublier les efforts supportés à l'attéri-
sage par la béquille, efforts qui ont leur répercussion sur le
fuselage: là on adopte en général un coefficient de sécurité
égal à 6 .

Une fois admis le principe du coefficient de sécurité l'étude d'un avion au point de vue résistance se réduit à considérer simplement le cas du vol normal, horizontal, rectiligne et uniforme.

Nous commencerons cette étude en prenant la cellule et en examinant comment 'les méthodes de la résistance des matériaux peuvent s'apliquer au calcul de ses éléments.

A/ CELLULE .

****

Dans les pages qui précèdent, nous avons analysé les différentes forces auxquelles l'avion est soumis au cours d'un vol horizontal, rectiligne et uniforme.

En particulier, nous avons vu que seules interviennent dans la fatigue des membrures de la cellule, les actions de l'air relatives à cette cellule: sustentation et trainée .

Nous considérerons toutes ces forces comme uniformément réparties sur l'ensemble de la voilure.

Ceci posé, nous avons appris à calculer pour une incidence donnée la charge S que doivent équilibrer les composantes de sustentation.

Cette charge comprend en premier lieu le poids de la cellule, que nous supposerons uniformément réparti.

Si $d\sigma$ est un élément de surface portante, les forces extérieures qui agissent sur lui sont d'une part la composante élémentaire de sustentation dS, et d'autre part le poids de l'élément dp'_1 : en sorte que l'effort transmis par chaque élément analogue à ds est égal à la différenc[e] de ces 2 forces

$$dS - dp'_1$$

et la fatigue des membrures provient uniquement des réactions de sustentation qui équilibrent la charge.

$$S - p'_1$$

Enfin n'étant le coefficient de sécurité imposé à priori à l'avion, on devra calculer,la cellule comme soumise à une charge.

$$n (S - p'_1)$$

Plaçons-nous dans un cas concret et prenons pour fixer les idées, un biplan monomoteur à fuselage,reppésenté shéma tiquement ci-dessous.

Soient $\sum_1 \sum_1$ les surfaces utiles des plans supérieur et inférieur. Pour les déterminer,il faut tenir compte d'abord des pertes marginales   en bout d'aile : en général on retranche à l'extrémité de chaque plan une longueur égale au 1/5 de la profondeur de l'aile. Si bien qu'en somme si L est l'envergure mesurée sur le dessin d'une extrémité à l'autre de l'aile,nous prendrons dans nos calculs comme envergure réelle,la longueur $L - \dfrac{2c}{5}$

c   étant la profondeur de l'aile.

On négligera les arrondis, quitte à revenir sur ce point dans la suite des calculs; on devra tenir compte des parties de l'aile qui ne sont pas portantes,par exemple la section centrale du plan inférieur sur laquelle repose le fuselage.

Ceci posé, on peut admettre que, à surfaces utiles égales, les portances du plan supérieur et du plan inférieur sont dans les rapports de 55 à 45.

Posons

$$\lambda_1 = 55 \; \Sigma_1 \qquad \lambda_2 = 45 \; \Sigma_2$$

le plan supérieur supportera une charge

$$\varpi_s = n \frac{(S - p')\lambda_1}{\lambda_1 + \lambda_2}$$

et le plan inférieur une charge

$$\varpi_i = n \frac{(S - p')\lambda_2}{\lambda_1 + \lambda_2}$$

La charge par mètre courant utile sera pour le plan supérieur.

$$p_s = \frac{\varpi_s}{L_s}$$

et pour le plan inférieur

$$p_i = \frac{\varpi_i}{L_i}$$

en appelant L_s et L_i les envergures utiles calculées des 2 plans.

Soit i l'angle d'incidence considéré : La polaire
de l'aile nous donne pour cette valeur de i, la position du
centre de poussée et les valeurs des coefficients unitaires
de sustentation et de trainée Ky et Kx, par suite la direction de la résultante des actions de l'air sur l'aile. Soit C

le centre

de poussée

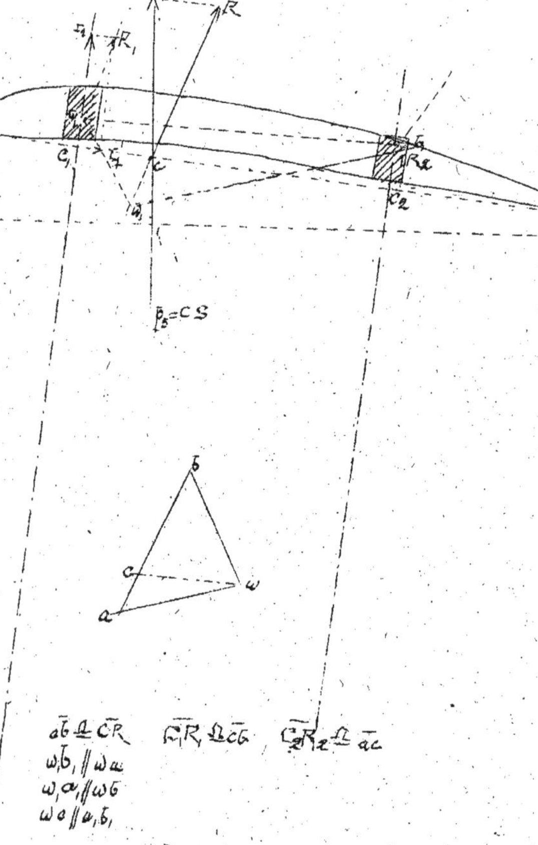

sur l'aile
supérieure. Ci
la direction de
la résultante.
Cherchons la ré
partition des
forces par mètre
courant utile. D'a
près ce qui précèd
la composante verti
cale de CR doit être
égale à F, soit :
C S = Fs

L'autre composante doit être équilibrée par une portion de la poussée de l'hélice : on en connait donc la direction, parallèle à l'axe de traction. Si par S nous menons une parallèle à cette direction, on a en CR la résultante des actions de l'air par mètre courant utile du plan supérieur.

Nous pouvons alors décomposer C R en 2 autres forces $C_1 R_1$ et $C_2 R_2$ qui lui sont parallèles, appliquées
aux longerons avant et arrière, et telle que :: $\dfrac{C_1 R_1}{C_2 R_2} \dfrac{K_2}{K_1}$

Graphiquement on fera cette décomposition par la
méthode connue du polygone funiculaire.

Ceci fait, on peut décomposer chacune des forces
$C_1 R_1$ $C_2 R_2$ en 2 autres $C_1 r_1$, $C_1 r_1'$ et $C_2 r_2$, $C_2 r_2'$
qui sont situées :

$\left.\begin{array}{l} C_1 r_1 \\ C_2 r_2 \end{array}\right)$ dans les plans des mâts

$\left.\begin{array}{l} C_1 r_1' \\ C_2 r_2' \end{array}\right)$ dans le plan de l'aile.

On opérerait d'une façon identique sur le plan inférieur.

Nous allons pouvoir étudier la cellule comme si elle
était formée de 4 poutres simples. A savoir :

1° - une poutre N, constituée par les 2 longerons N supérieur et inférieur, les mâts et les haubans qui les relient. Dans cette poutre, les longerons seront soumis chacun à une charge continue, uniformément répartie, r_1, pour le longeron supérieur. Enfin la poutre repose sur des appuis constitués par les points d'attache de la cellule au fuselage.

2° - une poutre AR semblable à la poutre N, mais formée avec les éléments AR de la cellule.

3° - une poutres supérieure, constituée par les 2 longerons N et AR du plan supérieur, les entretoises et les cordes à piano qui les relient. Dans cette poutre, les longerons sont soumis chacun à une charge continue, uniformément répartie, r_1' pour le longeron N, r_2' pour le longeron AR. Enfin la poutre repose sur 2 points d'appui, reliés d'une manière rigide aux points d'attache de la cellule au fuselage, par l'intermédiaire en général, des mâts de cabane.

4° - une poutre inférieure semblable à la poutre supérieure, mais formée avec les éléments de l'aile inférieure.

L'ensemble des 4 parties, est rendu indéformable par des diagonales et des croix d'incidence, dont on étudiera l'effet une fois qu'on aura calculé les fatigues des éléments de chacune de ces poutres considérée comme isolée.

===============

1 - ETUDE D'UNE POUTRE $\mathcal{N}$ ou $\mathcal{R}$

Dans une telle poutre, chaque longeron supporte une charge continue, uniformément répartie, située dans le plan des mâts, que nous avons appris à déterminer. D'autre part le longeron constitue une véritable poutre continue, reposant sur plusieurs appuis, constitués par les mâts de cellule. Nous le calculerons comme tel.

Nous déterminerons d'abord en chaque point les moments fléchissants et les efforts tranchants, puis les réactions d'appui.

Comme les appuis sont en même temps les noeuds de la poutre en treillis, nous pourrons ensuite déterminer les efforts dans les membrures, et par suite les fatigues unitaires de flexion, compression ou tension en chaque point.

Nous prendrons comme exemple, la poutre $\mathcal{N}$ de la cellule biplane représentée plus haut, et dans cette poutre le longeron supérieur. Ce longeron peut être qu bien continu d'un bout à l'autre de la cellule, ou bien articulé à la cabane : ces 2 cas seront examinés successivement.

1° - CALCUL DES LONGERONS

Moments de flexion - Efforts tranchants - Réactions d'appui -

I / INTRODUCTION MATHÉMATIQUE

Considérons trois appuis consécutifs A_{i-1}, A_i, A_{i+1} d'une poutre continue. Nous supposons les appuis dénivelés, et nous appelons Y_{i-1}, y_i, y_{i+1} les ordonnées de ces appuis. D'autre part, nous désignons par l_i, l_{i+1} les longueurs des deux travées consécutives, par M'_{i-1}, M'_i, M'_{i+1} les moments de flexion immédiatement à gauche de chaque appui, et par M''_{i-1}, M''_i, M''_{i+1} les moments de flexion immédiatement à droite des appuis.

Il existe entre ces différentes quantités une relation générale dite équation de Clapeyron, qui exprime la continuité : c'est l'équation :

$$
(1)\quad
\begin{cases}
\dfrac{M''_{i-1}}{l_i^2}\displaystyle\int_0^{l_i}\dfrac{x(l_i-x)}{EI}\,dx + \dfrac{M'_i}{l_i^2}\displaystyle\int_0^{l_i}\dfrac{x^2\,dx}{EI} + \dfrac{M''_i}{l_{i+1}^2}\displaystyle\int_0^{l_{i+1}}\dfrac{(l_{i+1}-x)^2}{EI}\,dx \\[4mm]
+\dfrac{M'_{i+1}}{l_{i+1}^2}\displaystyle\int_0^{l_{i+1}}\dfrac{x(l_{i+1}-x)}{EI}\,dx = \dfrac{-1}{l_i}\displaystyle\int_0^{l_i}\dfrac{\mu x}{EI}\,dx - \dfrac{1}{l_{i+1}}\displaystyle\int_0^{l_{i+1}}\dfrac{\mu(l_{i+1}-x)}{EI}\,dx \\[4mm]
\qquad + \dfrac{y_i - y_{i-1}}{l_i} + \dfrac{y_i - y_{i+1}}{l_{i+1}}
\end{cases}
$$

équation dans laquelle μ désigne le moment fléchissant en un point quelconque d'une travée, cette travée étant supposée libre, complètement indépendante du reste de la poutre, et reposant sur deux appuis simples.

Si nous supposons que les dénivellations sont négligeables, et si la poutre est à section constante, l'équation précédente s'écrit :

$$(II) \quad l_i\, M''_{i-1} + 2l_i\, M'_i + 2l_{i+1}\, M''_i + l_{i+1}\, M'_{i+1} = - \frac{}{l_i}$$

$$\int^{l_i} \mu\, x\, dx - \frac{6}{l_{i+1}} \int_0^{l_{i+1}} \mu\, (l_{i+1}-x)\, dx$$

Enfin, si la charge est une charge continue, uniformément répartie, p au mètre courant, on a l'équation définitive :

$$(III) \quad l_i\, M''_{i-1} + 2l_i\, M'_i + 2l_{i+1}\, M''_i + l_{i+1}\, M'_{i+1} = -$$

$$\frac{p}{4} \, (l_i^3 + l_{i+1}^3)$$

Dans le cas simple où l'on aurait :

$$M'_{i-1} = M''_{i-1} = M_{i-1}$$

$$M'_i = M''_i = M_i$$

$$M'_{i+1} = M''_{i+1} = M_{i+1}$$

l'équation (III) deviendrait l'équation dite des trois moments :

$$(III \text{ bis}) \quad \ell_i M_{i-1} + 2 (\ell_i + \ell_{i+1}) M_i + \ell_{i+1} M_{i+1} = -\frac{p}{4} (\ell_i^3 + \ell_{i+1}^3)$$

Les équations (III) et (IIIbis) serviront à déterminer les moments de flexion aux appuis. Dans le premier
cas, il sera nécessaire d'adjoindre à l'équation (III) les
relations particulières qui existent entre

$$M_{i-1} \text{ et } M''_{i-1} , \quad M_i \text{ et } M''_i , \quad M_{i+1} \text{ et } M''_{i+1} ,$$

et qui sont définies par les conditions spéciales de réa-
lisation des appuis.

Cherchons maintenant le moment fléchissant en un
point quelconque d'une travée.

Considérons une section (X) de la travée $A_{i-1} A_i$
Conservons les mêmes notations que précédemment, et appelons en outre :

$$T'_{i-1} \qquad T'_i$$

les efforts tranchants immédiatement à gauche des appuis,
$A_{i-1} A_i$, et $T''_{i-1} \quad T''_i$

les efforts tranchants immédiatement à droite des mêmes appuis. On a , M étant le moment de flexion dans la section
(X) :

$$(1) \quad M = M''_{i-1} + x \times T''_{i-1} + m .$$

m'étant la somme des moments de toutes les fo[rces]
situées entre l'appui Ai-1 et la section.(X)

Si nous supposons pour un instant la travée
complètement indépendante et reposant sur deu[x]
appuis libres, on aura dans la section (X) :

(2) $\qquad \mu = x \times \tau_{i-1} + m$

en appelant μ le moment fléchissant en (X) et τ_{i-1} la
valeur de l'effort tranchant au point Ai-1

Si on retranche les équations (I) et (2) membre à
membre, il vient

(3) $\qquad M - \mu = M''_{i-1} + (T''_{i-1} - \tau_{i-1})\, x$

équation de la forme

(3') $\qquad M - \mu = A + Bx$

A et B étant des constantes que l'on détermine par les condi[-]
tions d'appui. En se plaçant, en effet, à l'appui Ai-1 et
immédiatement à droite, on a :

$$x = o \qquad A = M''_{i-1}$$

En se plaçant à l'appui Ai et immédiatement à gauche

$$x = l_i \qquad A + B l_i = M_i \qquad B = \frac{M'_i - M''_{i-1}}{l_i}$$

et l'équation (3) devient

$$(4) \quad M - \mu = M''_{i-1} + \frac{M'_i - M''_{i-1}}{l_i} x$$

Connaissant μ et les moments sur appuis, on aura la valeur du moment fléchissant au point d'abscisse x de la travée l_i par l'équation (4)

L'équation (4) donne par dérivation, l'équation

$$(5) \quad \frac{dM}{dx} = \frac{d\mu}{dx} + \frac{M'_i - M''_{i-1}}{l_i}$$

c'est-à-dire, en désignant par T et $\mathcal{T}$ les efforts tranchants au point d'abscisse x, de la travée considérée comme partie intégrante de la poutre, ou bien comme complètement indépendante :

$$(6) \quad T = \mathcal{T} + \frac{M'_i - M''_{i-1}}{l_i}$$

Si la charge sur la travée l_i est une charge continue, uniformément répartie p ,on a :

$$\mu = \frac{px}{2} (l_i - x)$$

$$\mathcal{T} = p \frac{(l_i - x)}{2}$$

et les équations (4) et (6) deviennent :

$$(7) \qquad M = M''_{i-1} + \frac{M'_i - M''_{i-1}}{l_i} \, x + \frac{px}{2} \, (l_i - x)$$

$$(8) \qquad T = \frac{p(l_i - x)}{2} + \frac{M'_i - M''_{i-1}}{l_i}$$

Dans le cas où l'on a :

$$M'_{i-1} = M''_{i-1} = M_{i-1}$$

$$M'_i = M''_i = M_i$$

il vient :

$$(7') \qquad M = M_{i-1} + \frac{M_i - M_{i-1}}{l_i} \, x + \frac{px}{2} \, (l_i - x)$$

$$(8') \qquad T = p \, \frac{(l_i - x)}{2} + \frac{M_i - M_{i-1}}{l_i}$$

On aura facilement les réactions d'appui : considérons par exemple l'appui Ai : l'effort tranchant immédiatement à droite de Ai sera :

$$T''_i = \frac{M'_{i+1} - M''_i}{l_{i+1}} + p \, \frac{l_{i+1}}{2}$$

et l'effort tranchant immédiatement à gauche de Ai sera :

$$T'_i = \frac{M'_i - M''_{i-1}}{l_i} - p \, \frac{l_i}{2}$$

la réaction total au point Ai sera :

$$V_i = T''_i - T'_i$$

Enfin, dans une travée ℓ_i on peut calculer la distan[ce]
entre les points de moments fléchissant nul. En effet, il s'[uf]
fit, dans l'équation (4) de faire $M = 0$ il vient :

$$(9) \quad \mu + M''i{-}1 + \frac{M'i - M''i{-}1}{1i} \, x = 0$$

Si nous supposons que la charge soit une charge unifor[mé]
mément répartie, on a :

$$\mu = \frac{px}{2} \, (1i - x)$$

En éliminant par exemple $M''i$ entre l'équation (9) e[t]
celle qui donne la valeur de $T'i$, on a une équation du 2ème
degré en x, dont les racines sont les abcisses des points d[e]
moment fléchissant nul. Si on appelle Li la distance de ces
points, on a finalement :

$$(10) \quad L_i^2 = \left[\left(\frac{T'i}{p} \right)^2 + 2 \frac{M'i}{p} \right]$$

Si l'on a l'égalité des moments à droite et à gauche
appuis, les formules précédentes se simplifient ; $M'i$ et $M''i$
deviennent le moment de flexion Mi sur l'appui Ai, $M'i{-}1$
et $M''i{-}1$, le moment de flexion $Mi{-}1$ sur l'appui $Ai{-}1$,
$M'i{+}1$ et $M''i{+}1$ le moment de flexion $Mi{+}1$ sur l'appui
$Ai{+}1$ dans ces conditions :

$$T''i = \frac{Mi{+}1 - Mi}{\ell_i{+}1} + p \, \frac{1i{+}1}{2}$$

$$T'i = \frac{Mi - Mi{-}1}{\ell_i} - p \, \frac{\ell_i}{2}$$

et dans la travée ℓ_i les abcisses des points de moment nul sont racines de l'équation du 2ème degré :

$$\frac{px^2}{2} - x\,(T'i + p\ell i) + T'i\,\ell i - Mi + \frac{p\ell i^2}{2} = o$$

II/ APPLICATION DES FORMULES PRÉCÉDENTES

1° - Calcul des moments fléchissants sur appuis -

Considérons, pour fixer les idées, le longeron supérieur de la cellule d'un biplan, et
soit

$A_o\ A1\ A_2$ la partie de ce longeron
située à gauche de l'axe de symétrie de
l'appareil : A_o est l'appui extrême de gauche, A_2 l'appui extrême de droite de cette
partie du longeron.

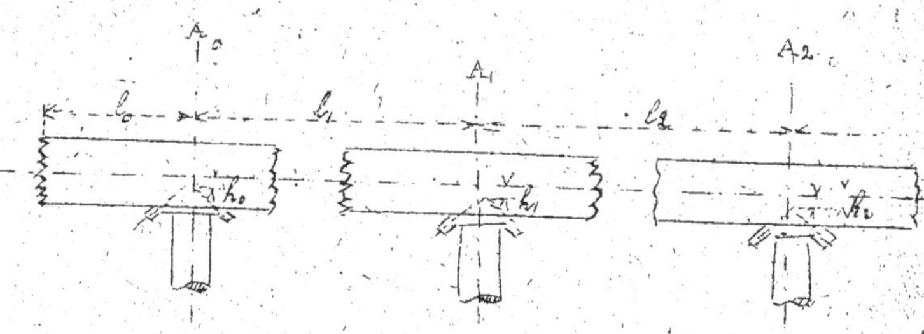

La plupart du temps, les lignes d'action des câbles ne concou-
rent pas sur l'axe neutre du longeron. Nous désignerons donc

par ho h$_1$ h$_2$ les distances à l'axe neutre du longeron, des points d'intersection de la ligne des câbles avec l'axe des montants. Nous considérons ces quantités comme positives si les points d'intersection sont situés au-dessous de l'axe neutre, comme négatives dans le cas contraire.

Nous désignerons par M'_0 M'_1 M'_2 ... T'_0 T'_1 T'_2 les moments fléchissants et les efforts tranchants immédiatement à gauche des appuis, et par M''_0 M''_1 M''_2 ... T''_0 T''_1 T''_2 les moments fléchissants et les efforts tranchants immédiatement à droite. D'autre part, nous désignerons par P_1 P_2 ... les efforts - tensions ou compressions - dans les travées ℓ_1 ℓ_2 dus aux tensions des câbles.

Nous supposons que la charge est continue, uniformément répartie : soit p sa valeur par unité de longueur.

Nous pouvons appliquer aux trois appuis A_0 A_1 A_2 l'équation (III), uil vient :

$$(1) \quad \ell_1 M''_0 + 2\ell_1 M'_1 + 2\ell_2 M''_1 + \ell_2 M'_2 = -\frac{p}{4}(\ell_1^3 + \ell_2^3)$$

On a d'autre part les relations :

$$(2) \quad M'_0 - M''_0 = h_0 P_1$$

$$(3) \quad M'_1 - M''_1 = h_1 (P_2 - P_1)$$

$$(4) \quad M'_2 - M''_2 = h_2 (P_3 - P_2)$$

Or, M'_0 est connu ; il est égal à la somme des moments des forces de gauche, dans le porte à faux ℓ_0

$$(5) \qquad M_0' = - p \, \frac{\ell_0^2}{2}$$

Pour résoudre les équations, il suffit de savoir ce qui se passe à l'appui A_2 .

Or A_2 peut se trouver sur l'axe de symétrie de l'appareil : dans ce cas :

$$M_2' = M_2''$$

ou bien il peut être au sommet de l'un des montants de la travée centrale de la cellule, et on aura : une nouvelle équation en appliquant la relation (III) aux appuis A_1 A_2 A_3 et en écrivant que les moments sur l'appui A_5 sont égaux aux moments sur l'appui A_2 . Enfin A_2 peut être un point d'articulation de 2 parties du longeron et alors $M_2' = M_2'' = o$.

On a ainsi, dans le cas particulier où nous nous sommes placés, un système de 6 équations qui peuvent donner les moments sur appuis en fonction des efforts dans les longerons dus à la tension des câbles.

D'une façon générale, étant donnés n appuis, il sera toujours possible de trouver un système de 2n équations entre les 2n moments sur appuis inconnus.

S'il n'y a pas d'excentricité des points d'attache des haubans par rapport à l'axe neutre du longeron, l'équation (1) se simplifie et devient :

$$M_0 \ell_1 + 2 M_1 (\ell_1 + \ell_2) + M_2 \ell_2 = - \frac{p}{4} (\ell_1^3 + \ell_2^3)$$

A l'aide de cette équation, on peut calculer les moments fléchissants des appuis, par suite les réactions d'appui, et enfin les valeurs approchées de P_1' et P_2 .

Dans la pratique, une première approximation est généralement suffisante. Mais si l'on veut serrer le problème de plus près, et tenir compte de l'excentricité des câbles, on devra partir de ces valeurs approchées de P_1 et P_2 pour calculer les différents moments sur appuis. Connaissant ces moments on calculera les réactions d'appui et les efforts P_1 et P_2 qui leur correspondent, et ainsi de suite par approximation successives.

2°/ Calcul du moment fléchissant en un point .

Au point d'abcisse x de la travée ℓi on aura :

$$M = px \left(\ell i - x \right) + M''_{i-1} + \frac{M'_i - M''_{i-1}}{\ell i} \, x$$

3°/ Calcul des efforts tranchants et des réactions d'appui .

Il suffira d'appliquer pour chaque travée les équations établies plus haut pour la travée ℓi .

4°/ Méthode graphique .-

La méthode graphique permet d'obtenir plus rapidement la plupart des résultats précédents.

Considérons toujours la partie A_0 A_1 A_2 du longeron supérieur d'un biplan située à gauche de l'axe de symétrie de l'appareil. Nous allons, à titre d'exemple, traiter le problème dans son entier.

a). Moments de flexion sur appuis.- Nous négligerons en premier lieu l'excentricité des câbles, et nous emploierons le théorème des trois moments sous sa forme la plus simple pour déterminer les moments de flexion sur appuis.

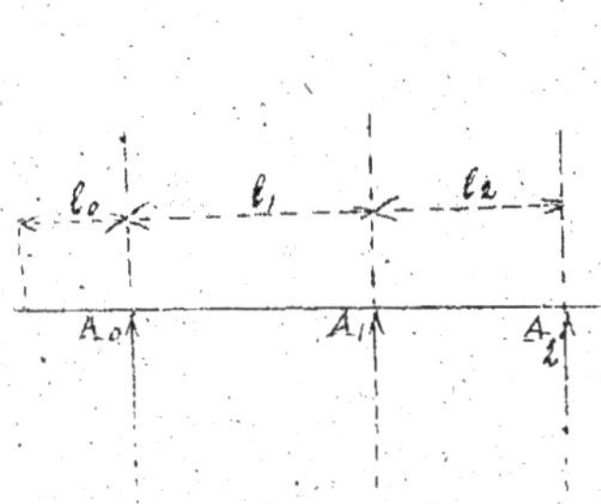

Deux cas peuvent se présenter :

1er Cas :-Le longeron peut être considéré comme articulé à la travée centrale, au point A_2 . Dans ces conditions en outre de l'équation :

$$(1) \qquad M_0 \ell_1 + 2 (\ell_1 + \ell_2) M_1 + M_2 \ell_2 = -\frac{p}{4} \left(\ell_1^3 + \ell_2^3 \right)$$

on a :

$$M_0 = - p \frac{\ell^2}{2} \qquad M_2 = 0$$

et l'équation (1) donne immédiatement M_1 .

Si au lieu de trois appuis on en avait n , le problème se traiterait absolument de la même façon : chaque travée en plus des deux considérées dans le cas particu-

lier qui nous occupe, augmente de 1 le nombre des inconnues, et
de 1 le nombre des équations analogues à l'équation (1).

2ème Cas .- Le longeron est rigide d'une extrémité de l'aile à
l'autre.

On a évidemment par raison de symétrie :

$$M_2 = M_3$$

On applique une fois de plus l'équation
des 3 moments aux 3 appuis A_1 A_2 A_3 . On
a alors, en plus de l'équation (1) la nouvelle équation :

$$(2) \qquad M_1 \ell_2 + (2 \ell_2 + 3 \ell_3) M_2 = - \frac{p}{4} (\ell_2^3 + \ell_3^3)$$

et par suite, avec l'équation :

$$M_0 = - p \, \frac{\ell_0^2}{2}$$

un système de 3 équations du 1er dégré à 3 inconnues, qui ré-
sout le problème (1)

Même remarque que précédemment, si l'on avait plus
de 3 appuis (1)

Quel que soit le cas qui se présente, nous avons
maintenant les valeurs de tous les moments sur appuis du longeron considéré. Nous portons ces valeurs sur les verticales

==

(1) D'une manière générale, si n est le nombre des appuis, on
aura toujours un système de n équations du 1er dégré à n inconnues qui donnera les valeurs des n moments sur appui.

des points d'appui, au-dessus de l'axe neutre du longeron, si
le moment est négatif, au-dessous dans le cas contraire.

b) <u>Moment de flexion en un point. Courbe représentative des moments de flexion.</u>

Reprenons l'équation qui donne le moment de flex-
ion M en un point d'une travée A_{i-1} $A_i = \ell i$, d'une poutre continue :

$$M - \mu = M_{i-1} + \frac{M_i - M_{i-1}}{\ell i} \, x$$

C'est l'équation d'une droite d'ordonnée $M - \mu$
cette droite coupe les verticales des appuis en des points a_{i-1}
a_i dont les ordonnées sont respectivement M_{i-1} et M_i , moments
fléchissants sur les appuis A_{i-1}, A_i .

On peut donc la tracer facilement, si l'on a
calculé au préalable les valeurs de ces moments.

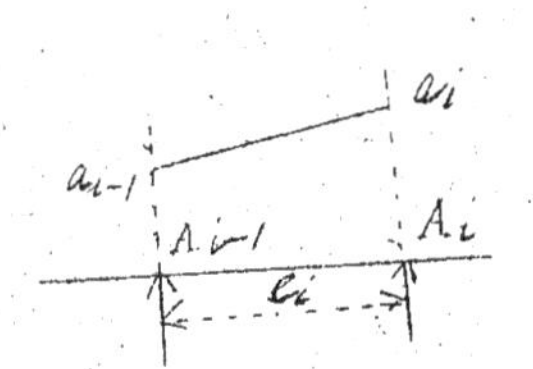

Si maintenant nous connaissons en cha-
que point de la travée ℓi la valeur de μ,
il suffira de retrancher cette valeur
de l'ordonnée correspondante de la droite a_{i-1} a_i pour avoir la valeur du moment de flexion en ce point.

Or par hypothèse, μ est le moment fléchissant
en un point de la travée considéré comme libre et indépendante,
et reposant sur deux appuis simples :

$$\mu = \frac{px}{2}(\ell_i - x)$$

c'est l'équation d'une parabole. Par conséquent, la courbe représentative de μ sera une parabole, passant par a_{i-} et a_i. On peut facilement construire cette parabole: en effet, on a facilement l'extrémité du diamètre de la parabole, conjugué à la direction a_{i-}, a_i : c'est un point S_i tel que $b_i S_i$ soit égal à la valeur maxima de μ :

$$b_i S_i = \frac{p \ell_i^2}{4}$$

La construction s'achève de la façon indiquée sur la figure, et dans la travée A_{i-}, A_i la courbe représentative des moments de flexion est l'arc de parabole a_{i-}, S_i a_i.

Si nous revenons à l'exemple concret que nous avons choisi, on répètera cette construction dans chaque travée et l'on aura, suivant les cas, l'une ou l'autre des figures suivantes :

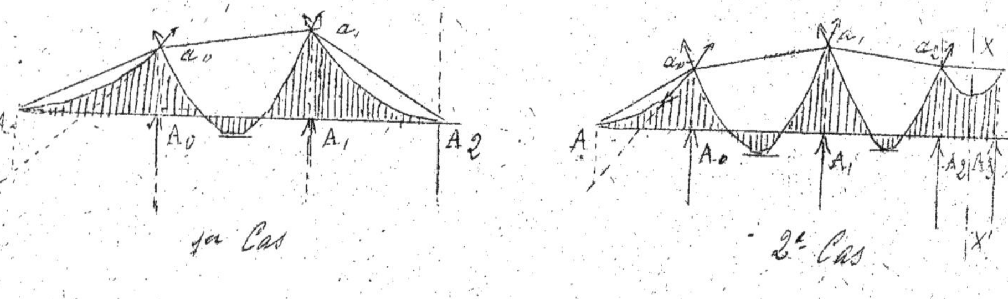

Le moment fléchissant en un point quelconque du longeron sera égal à l'ordonnée de la courbe en ce point, lue à l'échelle des moments.

L'excentricité des points d'attache des câbles modifie les courbes précédentes.

Conservons les mêmes notations, et supposons que nous avons calculé les efforts P_1 P_2 .. de tension ou de compression sur le longeron, comme il sera dit plus loin. Dans ce premier calcul, nous négligerons l'excentricité qui, au reste, n'affecte pas d'une manière sérieuse les valeurs de P_1 P_2 ...

Les valeurs de h_0 h_1 h_2 sont mesurées sur les dessins.

Sur un appui quelconque A_i le moment de flexion, dû uniquement à l'excentricité du point d'attache du câble, a pour valeur :
$$C_i = h_i \left(P_{i+1} - P_i \right)$$
il est positif ou négatif en même temps que h.

Supposons d'abord que les différentes travées sont indépendantes: nous portons sur les verticales des appuis et dans le sens convenable des longueurs :
$$A_0 \, C_0 = c_0 = h_0 \, P_1$$
$$A_1 \, C_1 = c_1 = h_1 \left(P_2 - P_1 \right)$$

On voit immédiatement dans chaque travée le diagramme des moments fléchissants dus uniquement à l'excentricité des points d'attache des câbles.

Écrivons maintenant que le béron est continu soient :

M_0 M_1 M_2 , les moments sur appuis dus uniquement à la continuité.

L'équation des 3 moments s'écrit, en négligeant les dénivellations des points d'appui, (voir plus haut).

$$M_0 \ell_1 + 2 M_1 (\ell_1 + \ell_2) + M_2 \ell_2 = - \frac{6}{\ell_1}$$

$$\int_0^x \mu \, x \, dx - \frac{6}{\ell_2} \int_0^{\ell_2} \mu (\ell_2 - x) \, dx$$

Si on interprète géométriquement les intégrales du 2è membre, il vient :

$$M_0 \ell_1 + 2 M_1 (\ell_1 + \ell_2) + M_2 \ell_2 = - \frac{6}{\ell_1} S_1 \lambda_1 -$$

$$\frac{6}{\ell_2} S_2 \lambda_2$$

En désignant par :

S_1 la surface comprise entre la courbe des μ et l'axe des x au-dessus de $A_0 A_1$, c'est-à-dire la surface $A_0 C_1 A_1$. S_2 la surface comprise entre la courbe des μ et l'axe des x au-dessus de $A_1 A_2$, c'est-à-dire la surface $A_1 C_2 A_2$.

λ_1 la distance à A_0 du centre de gravité de S_1

λ_2 la distance à A_2 du centre de gravité de S_2

Dans le cas présent :

$$S_1 = \frac{\ell_1 \, c_1}{2} \qquad\qquad \lambda_1 = \frac{2\ell_1}{3}$$

$$S_2 = \frac{\ell_2 \, c_2}{2} \qquad\qquad \lambda_2 = \frac{\ell_2}{3}$$

et il vient :

$$M_0 \, \ell_1 + 2 \, M_1 \, (\ell_1 + \ell_2) + M_2 \, \ell_2 = - 2 \, c_1 \, \ell_1 - c_2 \, \ell_2$$

En A_0 on a :

$$M_0 = o$$

En A_2 dernier appui de droite, on calcule M_2 comme il a été dit plus haut .

Connaissant M_0 M_1 M_2 , connaissant d'autre part en chaque point de chaque travée considérée comme indépendante, la valeur du moment fléchissant, on aura par le même procédé que celui indiqué plus haut, le diagramme définitif des moments de flexion dus à l'excentricité des points d'attache des câbles à l'exclusion de toute autre cause.

Le résultat est analogue à celui de la figure ci-dessous.:

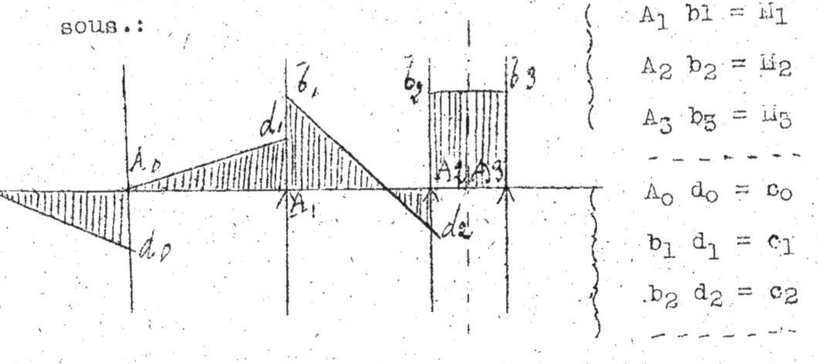

$$A_1 \ b_1 = M_1$$
$$A_2 \ b_2 = M_2$$
$$A_3 \ b_3 = M_3$$
- - - - - -
$$A_0 \ d_0 = c_0$$
$$b_1 \ d_1 = c_1$$
$$b_2 \ d_2 = c_2$$
- - - - - -

Il faut maintenant combiner ce diagramme avec
la courbe des moments fléchissants obtenus en premier lieu.

Il y a une question de signes importante qu'on peut
élucider de la manière suivante :

Considérons l'appui extrême de gauche A_0.

Si le câble tendu pendant le vol coupe l'axe neutre
du longeron à l'extérieur, c'est-à-dire à gauche de la verticale de A_0, l'effet de l'excentricité du point d'attache est
d'augmenter le moment de flexion dans la travée extrême de gauche, ce qui équivaut à diminuer le moment fléchissant sur l'appui A_0.

Par conséquent, si nous reprenons la figure à la
droite A a_0 dans laquelle *est substituée la droite $A a'$* :

$$a_0 \, a_0' = A_0 \, d_0 = c_0$$

et ainsi de suite. Dans l'ex-
exemple exprimé par les figures successives, la ligne bri-
sée $A \, a_0 \, a_1 \, a_2 \, a_3$ .. de la
figure ( ) serait en défini-
ve remplacée par la ligne bri-
sée:

$$A \, a_0' \, a_0 \, a_1' \, a_1'' \, a_2^{\frac{1}{2}} \, a_2'' \, a_3'' \; ..$$

dans laquelle on a :

$$a_0 \, a_0' = \; c_0$$

$$a_1 \, a_1' = A_1 \, d_1$$

$$a_1 \quad a''_1 = A_1 \, b_1$$

$$a_2 \quad a'_2 = A_2 \, d_2$$

$$a_2 \quad a''_2 = A_2 \, b_2 \quad \text{etc.....}$$

et le diagramme définitif des moments fléchissants en chaque point du longeron, compte tenu de l'excentricité des points d'attache des câbles, est celui indiqué ci-contre.

Il fait bien ressortir l'inégalité des moments fléchissants sur appui, immédiatement à droite et à gauche de l'appui, admise dès le début.

REMARQUE .- Influence de la forme de l'extrémité de l'aile sur les valeurs du moment de flexion et de l'effort tranchant en A_o .

On a vu plus haut comment on déterminait le porté à faux effectif de l'aile : soit ℓ_o.
Nous désignerons en outre par ℓ la longueur réelle du porte à faux, depuis A_o jusqu'à la pointe extrême de l'aile, par d la distance entre longerons, et enfin par C la corde de l'aile.

Supposons que l'aile soit rectangulaire, et calculons dans cette hypothèse, le moment fléchissant et l'effort tranchant sur l'appui A_o. c'est-à-dire les quantités :

$$M'_o = -\frac{p\ell_o^2}{2} \qquad T'_o = -p\,\ell_o$$

pour les deux longerons .

Pour tenir compte de la forme arrondie de l'extrémité de l'aile, il faudra appliquer à ces quantités des termes correctifs, qui sont de la forme suivante :

	Effort tranchant	Moment fléchissant
Longeron AV	$-\dfrac{A}{d}$	$-\dfrac{A\,\ell - B}{d}$
Longeron AR	$+\dfrac{C}{d}$	$\dfrac{C\,\ell - D}{d}$

Les valeurs des constantes A B C D ont été calculées pour les 4 formes de bouts d'aile figurées ci-contre, et qui sont les plus employées dans la pratique.

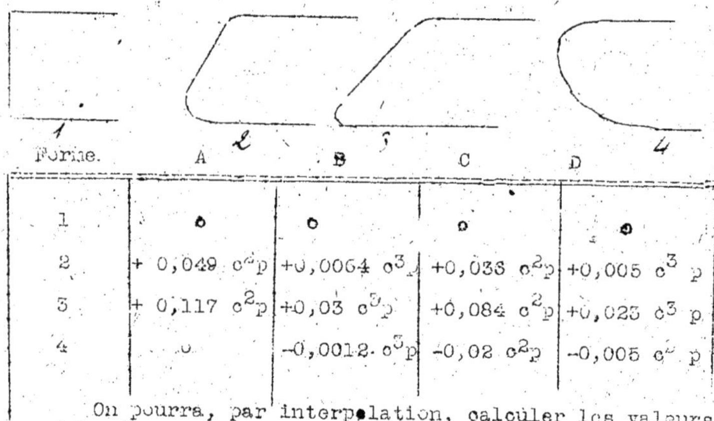

Forme.	A	B	C	D
1	0	0	0	0
2	$+\,0,049\ c^2 p$	$+0,0064\ c^3 p$	$+0,033\ c^2 p$	$+0,005\ c^3 p$
3	$+\,0,117\ c^2 p$	$+0,03\ c^3 p$	$+0,084\ c^2 p$	$+0,023\ c^3 p$
4	0	$-0,0012\ c^3 p$	$-0,02\ c^2 p$	$-0,005\ c^2 p$

On pourra, par interpolation, calculer les valeurs de ces constantes, pour les formes intermédiaires.

c/ <u>Effort tranchant en un point - Ligne représentative des efforts tranchants.-</u>

L'equation générale :

$$T = p \left(\frac{\ell_i}{2} - x \right) + \frac{M'_i - M''_{i-1}}{\ell_i}$$

permet de calculer l'effort tranchant en un point quelconque
d'une travée A_{i-1} A_i .

On aura dans cette travée la ligne représentative
des efforts tranchants si on en a deux points.

Pour cela, on calculera d'abord l'effort tranchant
immédiatement à droite de l'appui A_{i-1} puis l'effort tranchant immédiatement à gauche de l'appui A_i ; soient :

$$T''_{i-1} = \frac{M'_i - M''_{i-1}}{\ell_i} + p \frac{\ell_i}{2}$$

$$T'_i = \frac{M'_i - M''_{i-1}}{\ell_i} - p \frac{\ell_i}{2}$$

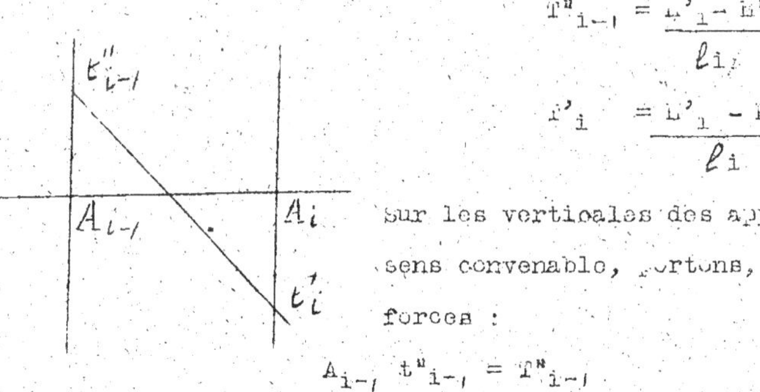

sur les verticales des appuis, et dans le
sens convenable, portons, à l'échelle des
forces :

$$A_{i-1} \, t''_{i-1} = T''_{i-1}$$

$$A_i \, t'_i = T'_i$$

La droite $t''_{i-1} \, t'_i$ est la ligne représentative
des efforts tranchants dans la travée considérée.

On peut obtenir cette ligne plus rapidement et sans

calcul par la méthode suivante :

Considérons encore la travée A_{i-1}, A_i et supposons que par les méthodes indiquées plus haut, nous avons trouvé la ligne représentative des moments de flexion dans cette travée. En conservant les mêmes notations, nous avons tracé par les
procédés connus, les tangentes à cette ligne aux points où elle
coupe les verticales des appuis.

Ceci posé, soit :

$\dfrac{1}{\lambda}$ l'échelle adoptée pour les longerons

$\dfrac{1}{\mu}$ l'échelle adoptée pour les moments

$\dfrac{1}{\varphi}$ l'échelle adoptée pour les forces.

soit δ une longueur telle que : $\delta = \dfrac{\mu}{\lambda \varphi}$

A partir de chaque appui, et vers la droite, nous
portons des longerons : $A_{i-1} \, H_{i-1} = \lambda = A_i \, H_i$ et par les
points $H_{i-1} \, H_i$ nous menons des parallèles aux tangentes à la
courbe des moments aux points situés à l'aplomb des appuis. Les
droites obtenus rencontrent les verticales des appuis en t''_{i-1}
et t'_i .

L'effort tranchant immédiatement à droite de A_{i-1}

et représenté à l'échelle des forces par $A_{i-1} \, t''_{i-1}$ et l'effort tranchant immédiatement à gauche de A_i et représenté à l'échelle des forces par $A_i \, t'_i$. Enfin, la ligne $t''_{i-1} \, t'_i$ est la ligne représentative des efforts tranchants dans la travée $A_{i-1} \, A_i$.

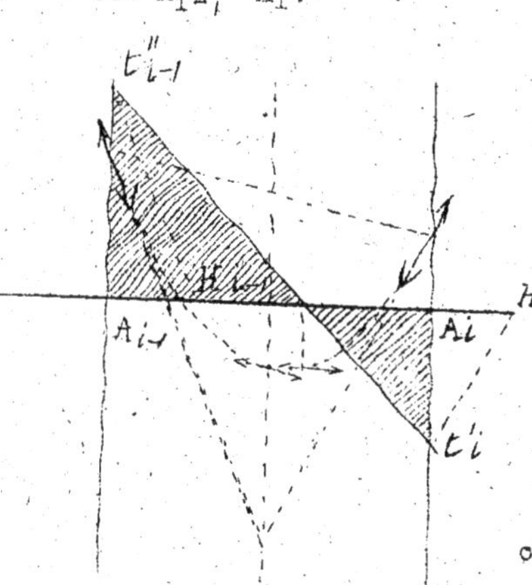

La justification de cette construction réside dans l'égalité connue :

$$T = \frac{d \, M}{d \, x}$$

et dans son interprétation géométrique.

REMARQUES.- 1°/ La ligne représentative des efforts tranchants coupe l'axe de x en un point où

$$T = \frac{d \, M}{d \, x} = o$$

En ce point, par suite, M est minimum ; c'est l'abcisse du point à tangente horizontale de la courbe des moments fléchissants, autrement dit, le sommet de la parabole.

2°/ Comme vérification du tracé précédent, on doit remarquer que dans une travée quelconque, la variation des efforts tranchants d'un appui à l'autre, est égale à la charge supportée par la travée: en d'autres termes, dans la travée $A_{i-1} \, A_i$,

$$T''_{i-1} - T'_i = p \, \ell_i$$

d/ _Réactions d'appui_ .- On a immédiatement les réactions d'appui, en remarquant que, pour un appui quelconque, la
variation de l'effort tranchant représente la réaction d'appui
correspondante.

Ces réactions d'appui se liront sur le diagramme des efforts tranchants.

En résumé, les calculs précédents nous ont permis de tracer pour un longeron quelconque des épures qui par
simple lecture nous donnent en chaque point :
1°/ le moment de flexion,
2°/ l'effort tranchant,
ainsi que les réactions d'appui.

Supposons que nous ayons fait cet ensemble
d'opérations pour le longeron supérieur de la poutre N .

Nous les répèterons pour le longeron inférieur
et nous aurons alors tous les /éléments nécessaires pour déterminer les efforts de tension et de compression dans les différentes membrures de la poutre N .

2°/ CALCUL DE LA POUTRE AVANT .-
Efforts de traction et de compression dans
les membrures .

La connaissance des réactions d'appui permet

d'étudier l'ensemble de la cellule comme un système articulé.

En effet, les réactions d'appui sont transmises aux noeuds de la poutre en treillis par l'intermédiaire des longerons. Tout se passe comme si la poutre était en équilibre sous l'action :

1°/ des réactions d'appui ,

2°/ des réactions aux points d'attache de la cellule et du fuselage, considérés comme points d'appui de la poutre en treillis.

3°/ des forces intérieures, tractions, ou compressions, dans les membrures : longerons, mâts, haubans.

La détermination de ces forces intérieures se fait facilement par la méthode pratique dite de Crémona.

Le principe de cette méthode est le suivant : considérons un système de n forces, situées dans un plan, appliquées en un point A de ce plan. Par A menons 2 directions quelconques Ax, Ay : il est toujours possible de déterminer deux forces dirigées suivant Ax et Ay, et qui font équilibre aux n forces données.

En effet, il suffit de construire le polygone dynamique des n forces a_0 a_1 ... a_{n-1}, a_n puis par a_0 menons une parallèle à Ax, par exemple, et par a_n, une parallèle à Ay : soit a_{n+1} le point d'intersection de ces droites : les vecteurs a_0 a_{n+1} et a_{n+1} a_n sont équipollents aux forces cherchées.

Le résultat serait le même si on avait mené par a_0 une parallèle à Ay et par a_n une parallèle à Ax : le problème est donc bien déterminé.

Appliquons ceci à un noeud d'une poutre à treillis; toutes les forces extérieures qui y sont appliquées sont connues, ainsi que les tensions ou compressions pour toutes les barres qui y aboutissent, sauf pour 2 d'entre elles. D'après ce qui précède, la détermination des efforts dans ces deux barres sera possible.

La méthode est en défaut quand il y a plus de 2 forces inconnues: on a en général ce qu'on appelle un système à barres surabondantes, c'est-à-dire un système où il existe au moins une barre telle que si on la supprime, les 2 noeuds situés à l'extrémité de la barre ne peuvent se déplacer l'un par rapport à l'autre.

Dans ce cas, on décomposera le système donné en plusieurs systèmes simples, strictement indéformables, à chacun desquels la méthode est applicable, et que l'on calculera comme s'il était seul. On adoptera ensuite dans chaque barre, l'effort maximum obtenu par ce procédé.

Exemple : Considérons dans la poutre N d'une cellule biplane, la partie de cette poutre située à gauche de l'axe de symétrie de l'appareil.

Nous connaissons lesréactions d'appui aux noeuds A_0 A_1 A_2 ... B_0 B_1 B_2 ... Soit d'autre part K l'appui cons-titué par le point d'attache de cette demi-cellule avec le fu-selage.

Nous ne considérons en outre que les haubans in-diqués sur le dessin, qui, seuls, travaillent en tension, pen-dant le vol.

Pour construire le polygone dynamique des forces, nous conviendrons des règles suivantes :

Nous choisissons un point O du plan, par lequel nous menons une parallèle à la direction commune des forces, et sur cette droite, nous porterons au-dessus de O les réactions d'appui appliquées au longeron supérieur, au-dessus de O les réactions d'appui appliquées au longeron inférieur.

Une barre sera comprimée, si la force trouvée dans le polygone dynamique se dirige vers le noeud auquel appartient la barre; elle sera tendue dans le cas contraire.

Ceci posé, numérotons les différentes barres dans l'ordre où elles se présen-tent en partant du noeud B_0.

En B_0 la réaction d'ap-pui est directement oppo-sée au mât A_0 B_0 et le po-

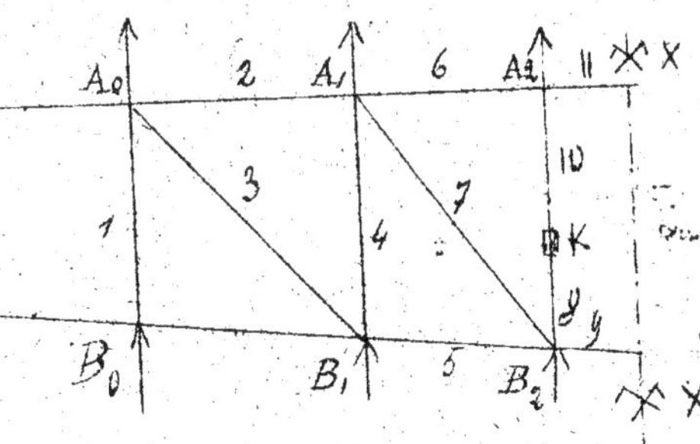

lygone des forces se réduit au vecteur $\overline{a\,b}$ égal à la réaction
en B_0 : comme $\overline{O\,a}$ est dirigée vers le nœud, le mât est comprimé.

Passons au nœud A_0: le polygone des forces s'obtiendra en portant d'abord Ob égal à la réaction d'appui en A_3,
puis en menant par b une parallèle à $A_0\,A_1$, et par a une parallèle à $A_0\,B_1$

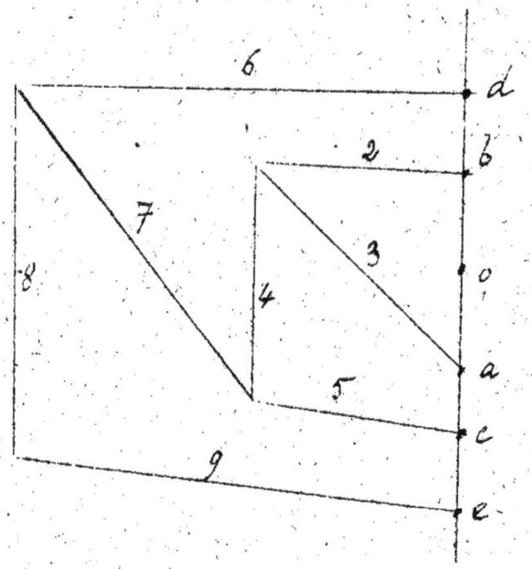

Parcourons le polygone en
partant de a et en commençant
par les forces connues: on voit
que la force 2 qui se dirige
vers est une compression,
et que la force 3 qui s'en éloi-
gne est une tension.

On passera ensuite au nœud
B_1 où l'on déterminera d'une
manière analogue le polygone
des forces, et ainsi de suite,
de proche en proche jusqu'au
nœud B_2 où le polygone $\overline{e\,c}$ -
5 - 7 - 8 - 9 donne la compression
8 dans la barre B_2 et la tension 9 dans la barre $B_2\,B_3$

Au nœud A_2 les forces en jeu sont égales et
directement opposées 2 à 2.

Par conséquent la force 10 est une traction égale à la réaction sur appui en A_2 et la force 11 est une tension égale en valeur absolue à la compression 6.

Il est alors possible d'avoir la réaction en K de l'appui constitué par l'attache de la cellule au fuselage. Cette réaction doit équilibrer l'action des deux barres 8 et 10. Or, la cellule est attachée au fuselage en 4 points, située par paires dans chacune des poutres

Considérons la section transversale de la cellule par le plan de symétrie X'X. Soit Σ la somme des charges extérieures que nous supposons concentrées au centre de gravité G de l'appareil. Sur le plan de la section, les points d'attache sont projetés en R et R'

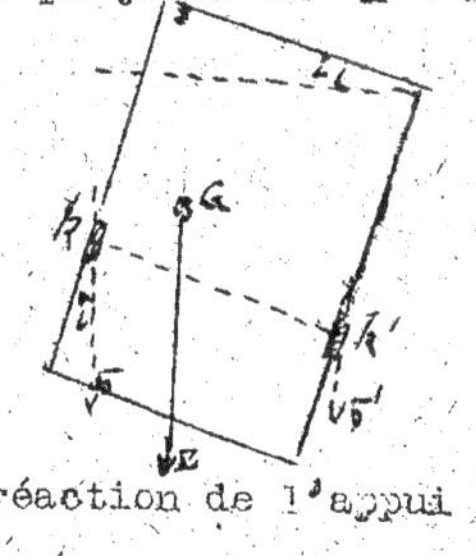

Pour l'incidence donnée, on peut décomposer Σ en deux forces 6 et 6' passant respectivement par R et R'.

La réaction de l'appui K situé dans le plan de la poutre AV sera :

$$\frac{1}{2}\, 6 \cos i$$

et nous devons avoir l'égalité :

$$8 + 10 = \frac{1}{2}\, 6 \cos i$$

Ce sera une vérification du tracé :

Si l'on analyse les constructions précédentes et les résultats obtenus, on voit que, à égalité de charges aux noeuds, les effets de tension *et de compression* seront d'autant plus faibles que la poutre sera plus haute, et d'autant plus forts qu'elle sera plus longue. Cela dépend en particulier de l'inclinaison des haubans dans les travées.

Le calcul des efforts dans tous les éléments de la poutre A est terminé : on opérerait de même pour la poutre arrière.

Nous allons maintenant montrer comment on calcule les poutres supérieure et inférieure, et nous prendrons comme exemple le calcul d'une poutre supérieure.

II - CALCUL D'UNE POUTRE SUPÉRIEURE

Pour être logique, il y aurait lieu de répéter, pour une poutre supérieure ou inférieure, les mêmes opérations que pour une poutre avant ou arrière, en considérant la charge uniformément répartie supportée par cette poutre, et située dans son plan.

En réalité, la flexion due à la trainée sur les longerons est si petite comparée avec celle due aux forces de poussée, qu'on ne peut la négliger. Il suffira de supposer les charges directement transmises aux noeuds et de déterminer les tensions et les compressions dans les membrures de la poutre, par les méthodes ordinaires.

Supposons que nous ayons affaire à une poutre supérieure; la méthode serait la même pour une poutre inférieure. Comme d'habitude, nous ne considérons de cette poutre que la partie située à gauche de l'axe de symétrie de l'appareil.

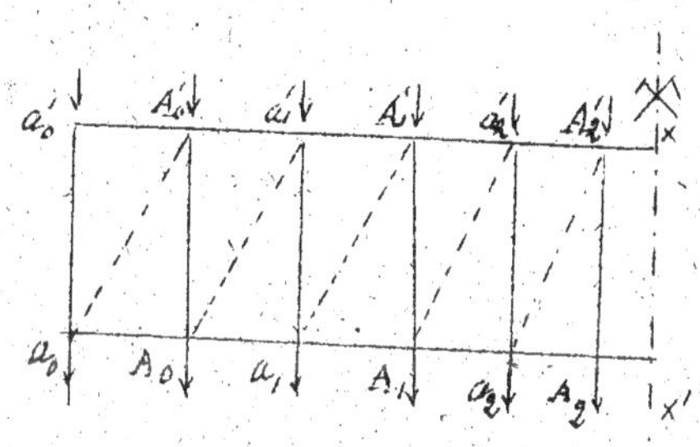

Enfin, pour la direction considérée des charges, seuls les haubans figurés travaillent en tension.

Soit p la charge par mètre courant sur le longeron avant de l'aile, p' la charge par mètre courant sur le longeron arrière. La charge transmise à un noeud quelconque s'obtien avec une approximation suffisante en additionnant les demi-charges des travées situées de part et d'autre du noeud considéré.

Connaissant les forces extérieures appliquées aux

nœuds, on déterminera les forces intérieures- tensions ou
compressions - dans les membrures, par un tracé de Crémona.

Il est à remarquer pour la correcte exécution de
ce tracé, que la poutre doit être considérée comme reposant
sur deux appuis A_2 A'_2 qui sont reliés d'une façon rigide
aux points d'attache de la cellule et du fuselage.

Il sera donc nécessaire d'examiner les éléments
de cette liaison, et de déterminer les efforts qu'ils supportent.

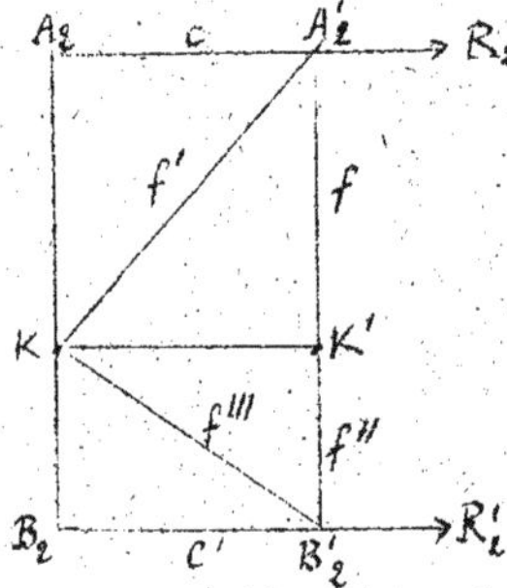

Considérons donc la section transversale de la cellule par le plan
A_2 A'_2 B_2 B'_2 Dans ce plan, les
points d'attache de la cellule au
fuselage sont K et K'.
Considérons le nœud A'_2; il est
en équilibre sous l'action de la
charge concentrée en ce point, et
sous l'action des forces intérieures, tensions ou compressions aux-
quelles sont soumises les barres qui y aboutissent. La compression dans la barre A_2 A'_2 est connue par l'étude précédente de la poutre supérieure; les efforts dans les barres

$A'_2 K'$ et $A'_2 K$ s'obtiendront donc par un tracé de Crémona soit f et f'

On fera le même raisonnement au noeud B'_2 et un tracé de Crémona permettra de déterminer les efforts dans les barres $B'_2 K'$ et $B'_2 K$: soit f'' et f'''

Les efforts f et f'' dans les barres $A'_2 k'$ et $B'_2 K'$ s'ajouteront aux efforts déjà trouvés dans ces barres dans l'étude de la poutre arrière.

REMARQUE — Dans l'étude des efforts dans les membrures des poutres, on a vu que, étant donné la direction des charges en plein vol, le longeron supérieur était toujours comprimé, le longeron inférieur toujours tendu.

Dans une poutre supérieure ou inférieure, le longeron Avant est comprimé ou tendu suivant le décalage des plans, et la position du centre de poussée..

III - CAS DE L'APPAREIL PARTIELLEMENT AVARIÉ

CALCUL DES CROIX D'INCIDENCE

Il peut arriver, pour diverses causes, qu'un appareil soit partiellement avarié pendant le vol, et il faut être sûr qu'on pourra le ramener à terre en toute sécurité.

En particulier, il peut se faire qu'une pièce de la structure se rompe, soit par accident, soit à la suite d'un combat. Bien entendu, si cette pièce est un montant ou un longeron, l'appareil s'abat : mais en cas de rupture d'un câble, tendu pendant le vol, l'appareil doit pouvoir se maintenir.

Pour cela, les câbles tendus pendant le vol doivent être doublés; soit réellement, soit à l'aide de ce qu'on appelle les croix d'incidence.

Nous nous proposons d'examiner la manière dont ces croix d'incidence interviennent, et de calculer les éléments qui les constituent.

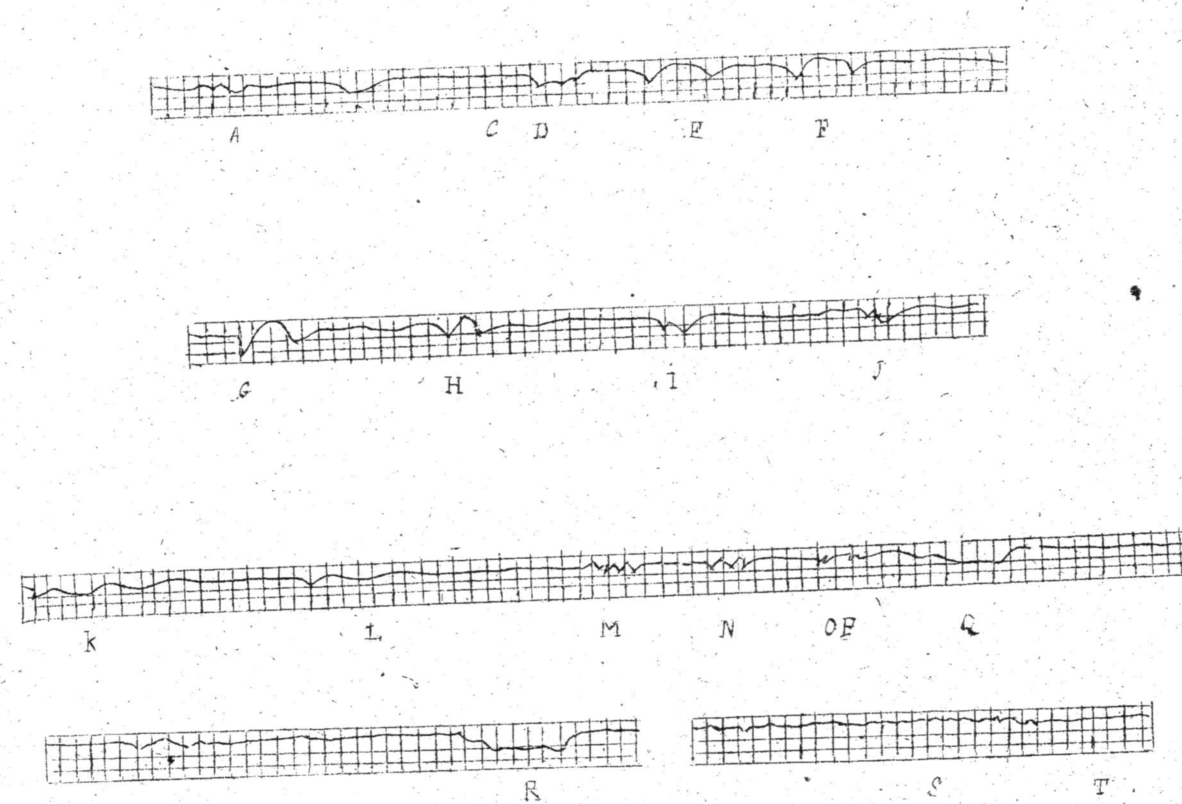

A   C D   E   F
G   H   I   J
K   L   M   N   O P   Q
R
S   T

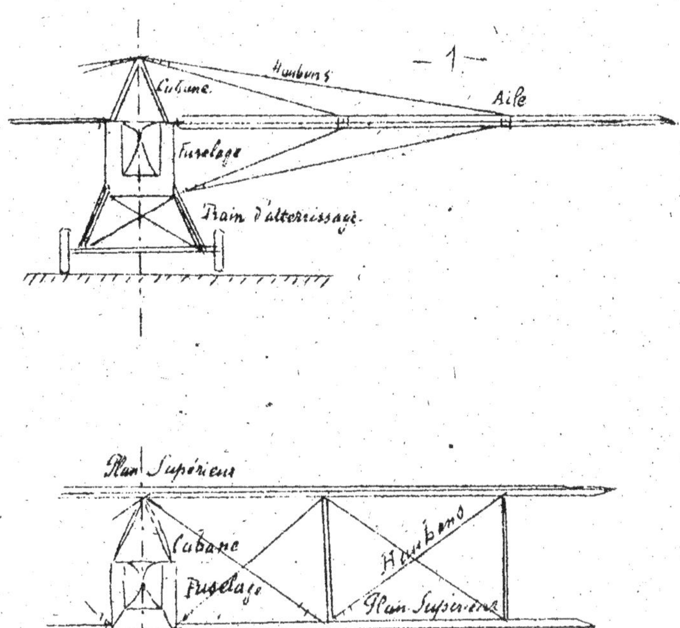

Cabane
Haubans
Aile
— 1 —
Fuselage
Train d'atterrissage.
Plan Supérieur
Cabane
Fuselage
Haubans
Plan Supérieur
Train d'atterrissage

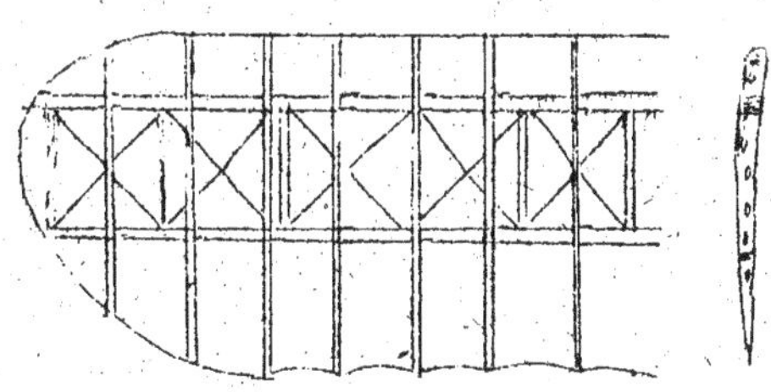

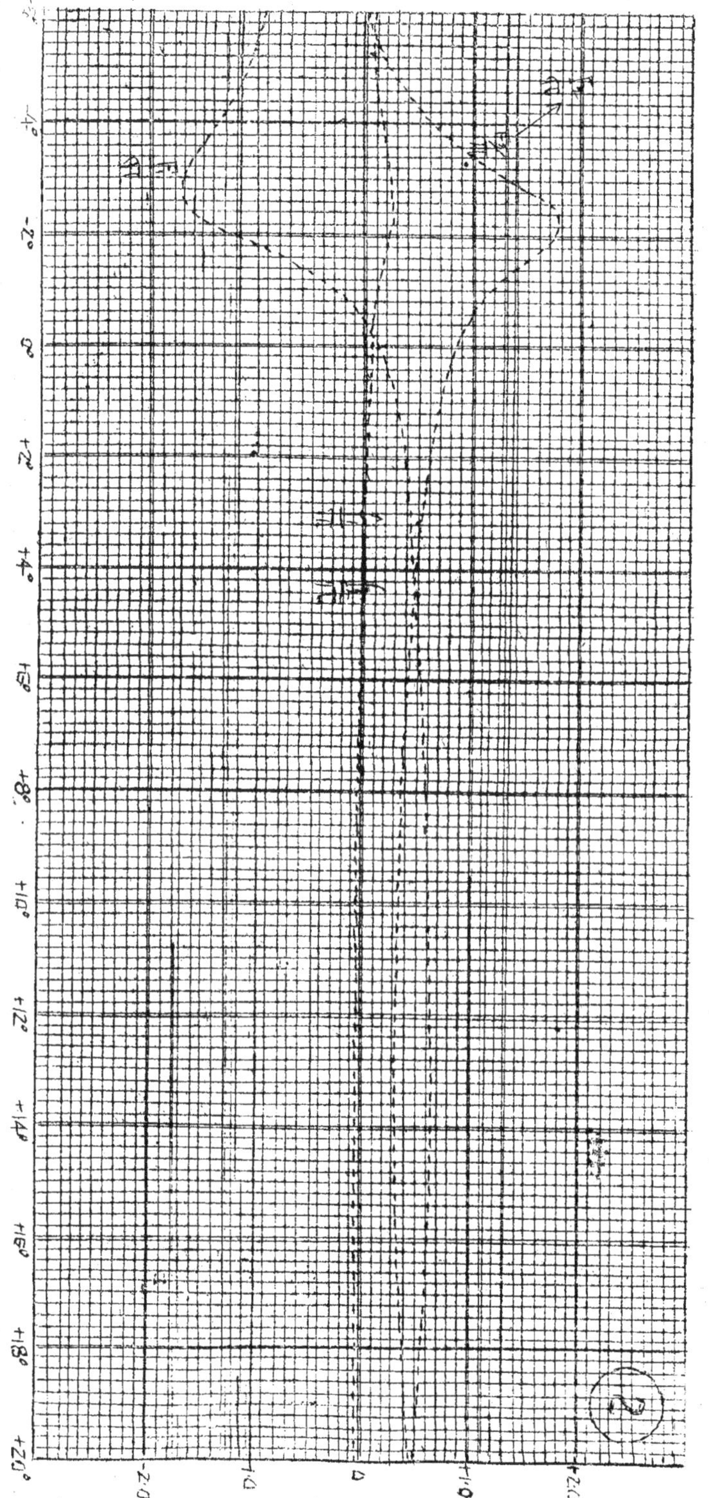

Il résulte de ceci que, outre leurs charges normales, les membrures de la face arrière ont à supporter maintenant des charges supplémentaires provenant de la face avant. En outre, il y a une charge supplémentaire dans l'entretoise A A de la poutre supérieure, charge qui en général influe d'une manière importante sur le haubannage de cette poutre.

Il faudra donc en général couper tous les câbles tendus pendant le vol, l'un après l'autre (face avant et face arrière séparément, et examiner les efforts dans les membrures dans chaque cas.

Enfin, dans la détermination des cordes à piano des croix d'incidence, il faudra tenir compte des efforts qu'elles peuvent supporter pendant le réglage, de la cellule: elles assurent, en effet, ce réglage par suite de la propriété qu'elles ont de permettre des déplacements relatifs d'un plan ou d'une face par rapport à l'autre.

IV - CALCUL DES NERVURES D'AILE

Ce calcul a une grosse importance dans le cas d'un avion gros porteur. Dans le cas d'un avion léger, il est difficile de réduire suffisament les éléments de la nervure et lui donner les dimensions juste suffisantes pour résister aux efforts auxquels elle peut être soumise; la possibilité de construction ici intervient pour limiter l'application des calculs de l'ingénieur.

Mais dans le cas de gros appareils, lourdement chargés, il y a grand intérêt à faire un calcul précis, afin d'arriver à une utilisation des matériaux aussi rationnelle que possible.

Considérons par exemple le plan supérieur: il supporte une charge verticale P_s par mètre courant utile: par conséquent chaque nervure supporte une charge verticale.

$$e \times P_s = P's$$

e étant la distance entre deux nervures.

Nous supposerons que la nervure repose sur deux appuis simples constitués par les 2 longerons, avec deux porte à faux à ses extrémités. La charge p's à laquelle elle est soumise est répartie sur toute sa longueur. Quant au mode de répartition de cette charge, nous le supposerons triangulaire, le centre de gravité du triangle de charge étant sur la ligne d'action de la composante de sustentation de la résultante des actions de l'air sur l'aile,

La hauteur de ce triangle est h, telle que

$$l\, h = 2\, p's$$
$$h = \frac{2\, p's}{l}$$

l étant la longueur de la nervure.

On a ainsi le lieu des sommets de tous les triangles

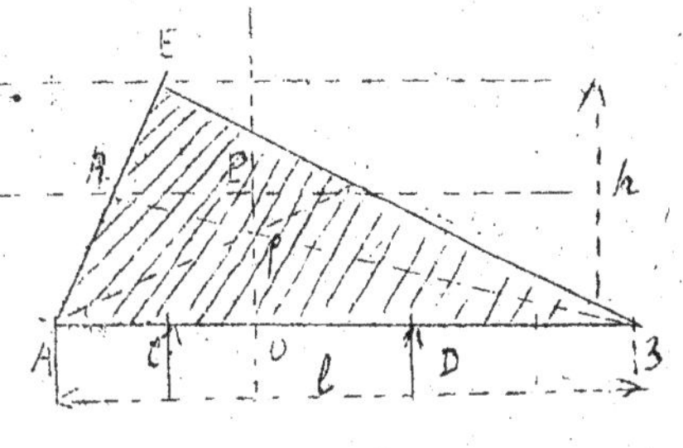

répondant à la question soit x'x.
D'autre part, remarquons que le point
situé au 1/3 de la médiane issue de B
doit être sur la ligne d'action de la
composante de sustentation.

La construction est alors immédiate.

Menons y' y tel que

$$OP = 1/2 \ h$$

et prenons :

$$O = 2/3 \ O \ P$$

B coupe y' y en un point R milieu du côté du triangle issu,
de A:E intersection de A R et de x'x est le sommet cherché.

Une fois le mode de répartition trouvé, on fera les
épures des moments de flexion, des efforts tranchants et des
réactions d'appui, les efforts de traction et de compression
dans les membrures de la poutre en treillis constituée par
la nervure, par la méthode de Crémona, et on choisira les
sections de ces membrures, de telle sorte que les pratiques
ne dépassent pas le taux autorisé pour la matière employée.

V - FATIGUES UNITAIRES DANS LES MEMBRURES

Les calculs et les épures qui précédent ont permis de
déterminer dans les membrures de la cellule les efforts dus
aux forces extérieures.

Afin de vous rendre compte de la résistance de ces membrures,nous allons dans chacune déterminer la fatigue unitaire correspondant aux efforts auxquels elle est soumise

a/ <u>Fatigue unitaire dans les longerons</u> -

Soit Ω la surface d'une section droite d'un longeron I et J les moments d'inertie de cette section par rapport à ses deux axes principaux Ox et Oy V La distance à l'axe neutre du longeron de la fibre soumise aux efforts les plus considérables.

Un longeron quelconque de la cellule est soumis d'abord à des fatigues de flexion, et à des fatigues de trac tion ou de compression venant d'une des poutres N ou AR supérieure ou inférieure, dont il peut faire partie. Ces deux dernières fatigues sont constantes pour toutes les fibr de la même section, alors que la fatigue de flexion donne u compression dans certaines fibres, une traction dans d'autr Dans le cas présent, et étant donné la direction des charge ce sont les fibres inférieures de la section qui sont ten-dues,et les fibres supérieures qui sont comprimées.

Nous nous proposons en premier lieu, de déterminer la fatigue de traction ou de compression totale pour la fi-bre la plus fatiguée.

Remarquons tout d'abord que l'épure des moments fléc sants dans laquelle l'échelle des moments est $\dfrac{1}{\mu}$ représer te également à l'échelle

$$\frac{1}{\mu} \times \frac{I}{V}$$

la fatigue de flexion dans la fibre la plus fatiguée.

De même, l'épure de Crémona qui donne les efforts directs de compression ou de traction dans les membrures, à l'échelle des forces $\frac{1}{\varphi}$ donne les fatigues unitaires correspondantes à l'échelle.

$$\frac{1}{\varphi} \times \Omega$$

On connait donc par simple lecture sur chaque épure les différentes fatigues unitaires: il suffit de les additionner algébriquement pour avoir la fatigue unitaire totale correspondant à la fibre la plus fatiguée.

Prenons par exemple le cas du longeron supérieur N; il est comprimé du fait qu'il fait partie de la poutre supérieure, en supposant naturellement que le sens des forces de trainée soit le plus courant. Comme les efforts de compression directe sont certainement plus grands que les efforts de traction, la fibre la plus fatiguée sera celle qui travaillera également à la compression par suite de la flexion.

L'épure se traitera de la manière suivante : nous tracerons sur l'épure qui représente les fatigues unitaires de flexion à l'échelle $\frac{1}{\mu} \times \frac{I}{V}$ les fatigues unitaires provenant de la compression ou de la flexion simple, à la même échelle. Ces différentes quantités sont représentées par une série de parallèles à l'axe des x : les fatigues de compression au-dessus, les fatigues de flexion au-dessous. Ceci fait, en chaque point du longeron, on additionnera algébriquement les ordonnées de ces différentes lignes: on obtient une 4ème ligbe, dont les ordonnées présentent en chaque point la fatigue totale de compression dans la fibre la plus fatiguée.

Pour obtenir une lecture plus facile de l'épure, et faciliter la comparaison au point de vue résistance, des différentes parties du longeron, on pourra tracer la courbe définitive d'un même côté de l'axe des x

Les graphiques que l'on obtient sont analogues à celui figuré ci-dessous :

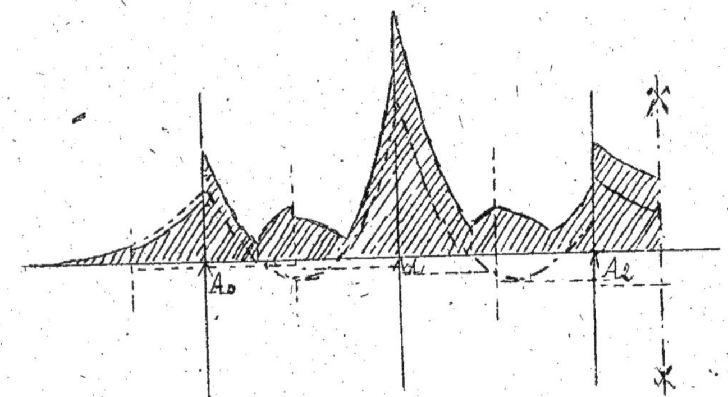

———·——·——·— fatigue unitaire de flexion,

——————————   "   de suspension simple,

— — — — — — —   "   de traction simple

———————— fatigue unitaire totale.

Si l'on appelle f la fatigue totale en un point quelconque du longeron, et si fr est la charge de rupture à la compression de la matière employée, obtenue au moyen des essais de flexion, le coefficient de sécurité en ce point est :

$$\frac{fr}{f}$$

il doit être au moins égal à n, facteur de sécurité imposé à l'avion.

Remarquons que dans une section quelconque, et en particulier aux appuis, il y aurait lieu de tenir compte des trous des boulons, pour le calcul des moments d'inertie et des sections.

Ceci peut modifier l'allure de lancourbe du diagramme précédent, mais les règles générales restent les mêmes.

À l'aide des résultats obtenus et de l'étude du graphique précédent, il sera facile de déterminer les endroits où le longeron a besoin d'être renforcé, ou même modifié suivant que la plus grosse part de la fatigue totale est causée par la flexion ou par la compression, et que par suite, il est plus intéressant de chercher à augmenter le moment d'inertie de la section ou sa surface.

Ce n'est pas tout : il faut en outre que le longeron résiste au flambage et à l'effet bouclant des charges aux extrémités.

En réalité, jusqu'à présent, on a fait très peu de progrès au point de vue théorique dans l'étude de la résistance des membrures d'avions à la compression. En fait, il semble que la théorie générale telle qu'on la présente ordinairement dans l'étude de l'élasticité, ne renferme pas certaine formes particulières de rupture qui se produisent parfois dans cet ordre d'idées.

Nous exposerons plus loin un essai analytique destiné à résoudre dans la mesure du possible, le problème de la résistance d'une poutre soumise à des poussées à ses extrémités, et supportée en des points intermédiaires.

Il y a en quelque sorte deux types de rupture qui peuvent se présenter: d'une part, la matière constituant la membrure peut se rompre parce que l'effort limite a été dépassé quand la charge a été appliquée, et d'autre part, la charge peut être telle que la configuration géométrique primitive ne peut être maintenue plus longtemps.

C'est à ce deuxième point de vue que nous nous placerons plus loin.

Pour l'instant, soit dans une travée l_i L_i la distance entre les deux points de de moment fléchissant nul : L_i représente en somme la longueur libre du longeron, dans la travée considérée.

φ la charge limite d'Euler entre ces points est:

$$\varphi = \frac{\pi^2 E I}{(L_i)^2}$$

Le moment fléchissant maximum entre ces 2 points a pour valeur:

$$\frac{p\,(Li)^2}{8}$$

L'effort de compression P_i donne lieu à un moment de flexion supplémentaire, par suite de la flèche que prend le longeron dans la flexion simple, et le moment fléchissant total sera de la forme :

$$\frac{p\,(Li)^2}{8} \times \frac{\varphi_i}{\varphi_i - P_i}$$

Soit n le coefficient de sécurité que l'on peut donner à l'avion, on devra avoir:

$$n\,\frac{p\,(Li)^2}{8}\,\frac{V}{I}\,\frac{\varphi_i}{\varphi_i - P_i} + \frac{n\,P_i}{\Omega} \leqslant fr$$

Cette formule, très appliquée en Allemagne et en Italie, et qui est due à l'ingénieur Vianello, semble donner de bons résultats.

La formule suivante, dite de Perry, moins indulgente, est employée en Angleterre :

$$n\,\frac{p\,(Li)^2}{8}\,\frac{V}{I}\,\frac{\varphi_i}{\varphi_i - n\,P_i} + \frac{n\,Pi}{\Omega} \leqslant fr$$

En France, on emploie la formule de Rankine, qui s'applique bien aux pièces de longueur moyenne: elle s'écrit:

$$\frac{n\,P\,i}{\Omega}\left(1 + \alpha\,\frac{a\,\ell^{2}}{i}\cdot\Omega\right) + n\,\frac{p\,(L^{2}i)}{8}\cdot\frac{V}{1} \leqslant fr$$

A est un coefficient qui dépend du matériau employé. Pour le bois, on prendra :

$$a = 0,0008$$

pour le fer et l'acier, on prendra :

$$a = 0,0001$$

Quand à α, c'est un autre coefficient, qui dépend de la fixation des extrémités de la pièce considérée. Nous supposerons toujours dans ce cours que les différentes membrures sont articulées, ou chevillées à leurs extrémités. Dans ce cas : $\alpha = 1$

A titre de renseignements, on a $\alpha = 4$ pour une pièce encastrée à un bout et libre à l'autre ; $\alpha = \frac{1}{2}$ pour une pièce encastrée à un bout et articulée à l'autre; $\alpha = \frac{1}{4}$ pour une pièce encastrée aux deux bouts.

Considérons maintenant l'appui A_i et soient K_i K_{i+1} les points de moment fléchissant nul les plus rapprochés de l'appui A_i dans les 2 travées adjacentes. Soit L_i' la distance qui les sépare. M_i étant le moment de flexion sur appui calculé par la méthode ordinaire, le moment de flexion sur appui obtenu en tenant compte de l'effort bouclant des charges aux extrémités est approximativement :

$$\mathrm{M}_i \quad \frac{\varphi'_i}{\varphi_i - P'_i}$$

d'après Vianello, en posant :

$$\varphi'_i = n^2 \frac{E\,I}{(L'_i)^2}$$

$$P'_i = \frac{Pi + Pi+1}{2}$$

et au point A_i du longeron, on devra avoir, n étant le coefficient de sécurité choisi :

$$n\,\mathrm{M}_i \;\frac{V}{I}\;\frac{\varphi'_i}{\varphi_i - P'_i} + n'\,\frac{P'i}{\mathit{\Omega}} \leqslant f_z$$

La formule de Perry se modifierait d'une façon analogue, ainsi que la formule de Rankine.

Quand dans la travée considérée, il n'y a pas de points
de moment fléchissant nul,- c'est souvent le cas de la travée
centrale,- tout ce qui précède s'effronde. On pourra, en première approximation appliquer les formules précédentes, en prenant comme longueur libre du longeron, la longueur même de la
travée. Nous donnerons plus loin une méthode de calcul approchée.

<u>Rupture dans le plan des ailes</u> :-

Par suite des efforts de compression à leurs
extrémités, les longerons de l'aile supérieure peuvent céder
ensemble pendant le vol normal.

Soit en effet une travée principale, $A_1 A_2 A'_1 A'_2$ du plan supérieur de la cellule, divisé en deux travées secondaires par une entretoise $a_2 a'_2$. Si le longeron A cède dans le plan $A_1 A_2 A'_1 A'_2$ il ne peut le faire qu'entre les points $A_1 a_2$ comme le montre la figure. Comme il est relié d'une manière rigide au longeron A' par des nervures et de la toile, les deux longerons doivent céder ensemble.

Le sens même de la flexion et sa forme symétrique dans chaque longeron par rapport aux deux points a_2 et a'_2 entraine l'hypothèse d'assemblages chevillés. Nous supposerons en outre que les barres de liaison des deux longerons ne produisent pas de moment de flexion à leurs points d'attache; c'est une conséquence de l'hypothèse précédente.

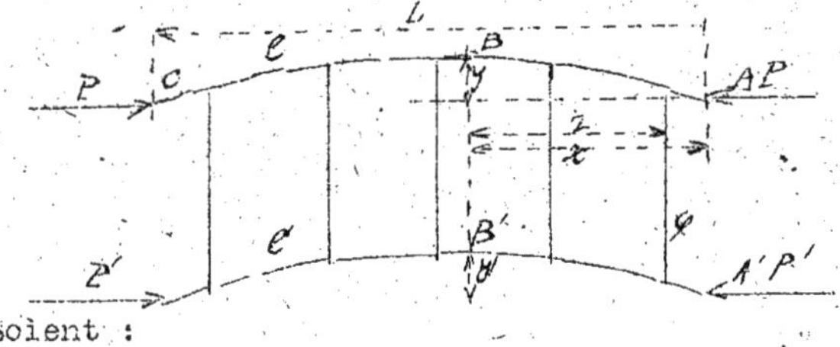

Soient :

$J J'$ les moments d'inertie des sections des deux longerons, par rapport à l'axe principal perpendiculaire au plan de flexion.

PP' les charges de compression dans les deux longerons,

φ la charge de compression dans une barre de liaison quelconque.

y y' les flèches des longerons eu deux points B et B' situés,
à la même distance x de l'extrémité des longerons.

On a évidemment d'après ce qui précède:

(1) $\qquad y = y'$

Au point B le moment de flexion a pour valeur :

(2) $\qquad - E J \dfrac{d^2 y}{d x^2} = P y + \Sigma \varphi Z$

Au point B' le moment de flexion a pour valeur;

(3) $\qquad - E J' \dfrac{d^2 y}{d x^2} = P' y - \Sigma \varphi Z$

En additionnant (2) et (3), membre à membre il
vient :

(4) $\qquad E (J + J') \dfrac{d^2 y}{d x^2} = - (P + P') y$

C'est l'équation qu'on obtiendrait en considérant
un longeron de moment d'inertie J + J' soumis à un effort de
compression P + P'. Par conséquent la charge limite totale
calculée par la formule ordinaire d'Euler, aura pour expression :

(5) $\qquad Q = \dfrac{\pi^2 E (J + J')}{L^2}$

Il faudra donc faire la somme des efforts de compression qui se produisent dans les longerons, pour n'importe quelle position du centre de poussée et on devra avoir dans

chaque cas, n étant le coefficient de sécurité de l'avion:

$$n \ (P + P') \leqslant Q$$

Dans le calcul d'un avion, quand on évalue séparément les efforts de compression dans les longerons AV et AR on a l'habitude de les calculer, pour le longeron AV quand le centre de poussée est le plus avant possible; pour le longeron AR quand le centre de poussée est le plus arrière possible. Ce n'est pas la somme des efforts de compression ainsi calculée qu'il faudra considérer.

Au reste, il est facile de voir que la quantité P + P' est une constante, quelle que soit la position du centre de poussée, pourvu que la disposition des travées verticales soit la même pour le longeron AV que pour le longeron AR en sorte que l'on peut écrire :

$$P + P' = \frac{P'' \ \text{x poussée totale de l'air sur les ailes}}{\text{Charge totale sur le longeron}} \quad , \text{quand le centre de poussée est le plus en avant possible.}$$

P'' étant l'effort de compression sur le longeron AV quand on considère la position avant extrême du centre de poussée.

Effort de cisaillement ou de glissement longitudinal.

Outre les efforts directs de compression et de tension, et les efforts de flexion, les longerons sont encore soumis à un effort de glissement longitudinal qui peut provoquer la rupture.

On démontre que cet effort par unité de surface sur une couche de fibres dont la largeur est e s'obtient par la formule :

$$f = \frac{T \cdot M_s}{I \, e}$$

dans laquelle I est le moment d'inertie de la section transversale du longeron, T l'effort tranchant dans la /section considérée, et M_s le moment statique par rapport à un axe passant par le centre de gravité de la section, de la partie de cette section située au-dessus de cet axe.

Si f'_r est la résistance à la rupture par glissement longitudinal du matériau employé, on devra avoir :

$$n \, f < f'_r$$

Pour le spruce, f'_r est évalué à 56 kgs par cmq. Ce chiffre a été calculé d'après des expériences de rupture par glissement longitudinal à la flexion. Dans le cas d'un cisaillement dans le sens des fibres, cette valeur se réduit à 21 kgs par cmq.

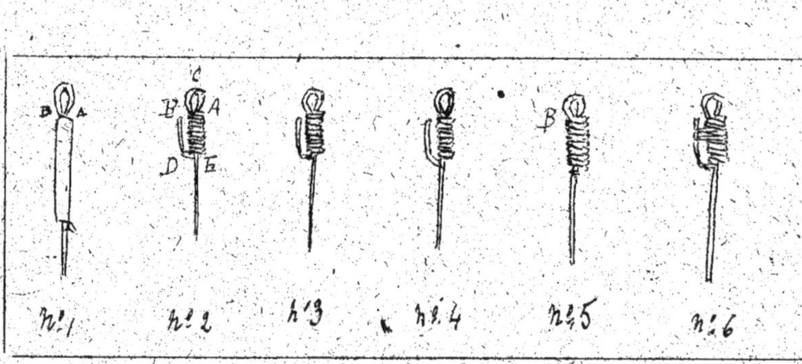

2°.- <u>ENTRETOISES</u>.-

Pour le calcul des entretoises, on se servira de la formule de Rankine.

$$\frac{u\,P}{\Omega}\left(1 + \alpha\,\alpha\frac{\ell^2\,\Omega}{I}\right) < fe$$

Nous considérons toujours les entretoises comme assemblées aux longerons à l'aide de chevilles. Dans la formule précédente, on fera donc $\alpha = 1$

a variera avec le matériau employé.

Très souvent au lieu d'entretoises à section cons-

tante, on emploie des entretoises constituées en quelque
sorte par deux troncs de pyramide à bases carrées, réunis par
leurs plus grandes bases.

Nous nous proposons de démontrer que si a_1 et a_2
sont respectivement le coté de la plus grande et de la plus
petite section, le côté a de la section d'un mât prismatique
à base carrée de même force est donnée par la formule :

$$a^4 = a_2\, a_1^3$$

Nous poserons en principe que deux poutres de même
résistance à la flexion, présentent même résistance à la compression. Cette hypothèse n'est pas rigoureusement exacte,
mais les résultats qui en découlent se vérifient bien expérimentalement.

Soit L la longueur to-
tale du mât. Nous po-
sons :

$$a_2 = k\, a_1$$

a_1 étant le coté de la
section centrale $A_1 B_1$
$C_1 D_1$ et a_2 le coté de
la section extrême.

Si b est le coté d'une section E F G H, située
à une distance x de la section centrale :

on a :
$$b = a_1 \left[1 - \frac{2x}{L}(1 - k)\right]$$

Posons :

$$m = \frac{2}{L} \ (1 - k)$$

il vient :

$$b = a_1 \ (1 - m x)$$

et le moment d'inertie I_x de la section considérée sera :

$$I_x = \frac{1}{12} \ a_1^4 \ (1 - m x)^4$$

Supposons que la poutre supporte en son milieu une charge P, les deux extrémités reposant sur deux appuis libres: l'équation différentielle de la fibre moyenne déformée s'écrit :

$$+ E I_x \frac{d^2 y}{dx^2} = - \frac{P}{2} \left(\frac{L}{2} - x \right)$$

ou en remplaçant I_x par sa valeur :

$$E \frac{d^2 y}{dx^2} = - \frac{6 \ P}{a_1^4 \ (1 - mx)^4} \left(\frac{L}{2} - x \right) \quad (1)$$

En intégrant une première fois :

$$(2) \quad E \frac{dy}{dx} = - \frac{6 \ P}{a_1^4} \left(\frac{L}{6 \ m \ (1-mx)^3} - \frac{1}{3 \ m^2(1-mx)^3} + \frac{1}{2 \ m^2(1-mx)^2} \right) + A$$

A étant une constante. Or pour :

$$x = o \qquad \frac{dy}{dx} = o$$

En remplaçant A par sa valeur, et en intégrant u une deuxième fois, il vient :

$$E y = - \frac{6 \ P}{a_1^4} \left[\frac{L}{12 \ m^2(1-mx)^2} - \frac{1}{6 \ m^3(1-mx)^2} + \frac{1}{2 \ m^3(1-mx)} \right] \quad (3)$$

$$+ \frac{P}{m \ a_1^4} \left(L + \frac{1}{m} \right) + B$$

B étant une constante :

Or pour :
$$x = \frac{L}{2} \text{ , on a } y = 0$$

Par suite :
$$B = \frac{6\,P}{a_1{}^4}\left[\frac{1}{3\,m^3\left(1 - m\,\frac{L}{2}\right)} - \frac{L\,(m\,L + 1)}{12\,m^2}\right]$$

et il vient :
$$(4)\quad y = \frac{6\,P}{E\,a_1{}^4}\left[\frac{1}{3\,m^3\left(1 - m\,\frac{L}{2}\right)}\left(+\frac{m\,L + 1}{6\,m^2}\right)\left(x - \frac{L}{2}\right) + \right.$$
$$\left. - \frac{6\,mx - m\,L - 4}{12\,m^3\,(1 - mx)^2}\right]$$

y est amximum pour $x = 0$
$$(5)\quad y_M = \frac{6\,P}{E\,a_1{}^4}\ \frac{L^3}{12\,(2 - mL)}$$

Soit a le côté de la section d'une poutre prismatique à base carrée, qui aurait la même flèche maxima y_M sous
la même charge centrale P, on aurait :

$$y_M = \frac{P\,L^3}{4\,E\,a^4} \tag{6}$$

d'où par suite en égalant les seconds membres des éga-
lités (5) et (6) :
$$a^4 = a_1{}^4\left(1 - \frac{m\,L}{2}\right)$$

c'est-à-dire en remarquant que :
$$m = \frac{2}{L}\,(1 - k$$

$$a^4 = k\, a_1^{\,4}$$

$$a = a_1 \sqrt[4]{k}$$

$$\text{ou : } a^4 = a_2\, a_1^{\,3}$$

C'est cette quantité a qui entrera dans la formule de Rankine.

****

C/ MÂTS DE CELLULE.

******

Dans tout ce qui précède, nous avons supposé que mâts et longerons étaient articulés.

Dans tout ce qui va suivre, cette hypothèse subsistera, et il sera nécessaire de l'avoir constamment présente à l'esprit.

Les mâts les plus couramment employés sont les suivants :

1°/ Mâts en acier ou en duralumin, à section tubulaire(ronde ou ovale), profilée ou non, avec ou sans carénage en bois.

2°/ Mâts profilés en bois.

3°/ Mâts constitués par de petits matériaux, bois enroulé, bois collé, etc.....

1°/ MATS METALLIQUES EN DURALUMIN OU EN ACIER.

Des expériences nombreuses ont montré que ce genre de mâts, ni la formule de Rankine, ni la formule d'Euler ne donnent de résultats satisfaisants.

La méthode la plus sure, qui s'applique d'ailleurs à toute espèce de mâts, consiste à faire des essais méthodiques sur toute une famille de mâts semblables. On dresse à l'aide des résultats obtenus des barêmes ou des abaques, qui permettent de déterminer immédiatement la section du mât, connaissant sa longueur et la charge qu'il doit supporter.

C'est ce qu'on a fait à la Section Technique française pour les mâts standards ou duralumin. Le tableau ci-joint donne les caractéristiques complètes de ces mâts. Une étude systématique a permis de déterminer pour chaque série de mâts comment varie la charge limite supportée quand on fait varier la longueur du mât. Les résultats obtenus sont représentés sur les courbes figurées ci-dessous.

Une fois les courbes expérimentales obtenues on a cherché les courbes théoriques simples qui s'en rapprochaient le plus, et on a obtenu l'équation approchée suivante:

$$P = \frac{35.\,S}{1 + \dfrac{0.00042\,S\,l^2}{i}}$$

S étant la section du mât en millimètres carrés,

P la charge limite en kgs,

l la longueur du mât en millimètres,

i le moment d'inertie en mm^4

En Angleterre, on applique couramment pour le calcul des mâts métalliques, la formule de Southwall. Cette formule analogue dans sa forme à celle de Rankine, donne la charge sous laquelle on atteint la limite élastique du tube :

$$(1) \quad P = pS = \cfrac{\alpha\, S}{1 + \dfrac{V\alpha S}{l}\ \sec\ \sqrt{\dfrac{p\, S}{E\, I}} \times \dfrac{1}{2}}$$

S étant la section du mât

α la limite élastique du métal,

V la distance de la fibre la plus éloignée au centre de la section (le rayon extérieur, dans le cas d'une section circulaire).

I le moment d'inertie,

E le modèle de Young,

A la longueur du mât.

Quand à α c'est un coefficient particulier, somme de 3 termes :

1°/ la "sinuosité" du tube, c'est-à-dire l'écart maximum qui existe entre la ligne des centres et la droite joignant les points d'articulation du mât aux longerons. Cette quantité dépend évidemment du soin apporté à la fabrication: elle ne dépasse pas en général Om/m,5.

2°/ un terme exprimant l'effet de la variation d'épaisseur de la paroi du tube. Si la différence entre la paroi la plus épaisse et la paroi la plus mince ne dépasse pas 20 % de l'épaisseur moyenne, cette quantité peut être évaluée à :

$$0,025 \times d$$

d étant l'alésage du tube.

3°/ la manière dont sont réalisés les articulations à une certaine influence: dans certains cas l'extrémité du mât pourra tourner autour de l'axe d'articulation, de manière à aider le flambage.

C'est ce qu'exprime le dernier terme, que l'on prend égal au rayon de l'axe d'articulation, multiplié par le coefficient de frottement relatif aux matières en contact.

Soit :

$$K = \sqrt{\frac{1}{S}}$$

le rayon de giration du tube considéré. La formule (1) s'écrit :

$$(2) \quad P = \frac{\alpha \; S}{1 + \dfrac{v\,d}{R^2}\,\sec\sqrt{\dfrac{P}{E\,R^2}} \times \dfrac{l'}{2}} = p\,S$$

D'après la formule d'Euler, la longueur l' d'un mât dont la charge de rupture serait p est donnée par :

$$(3) \quad p = \frac{\pi^2\,E K^2}{l'^2}$$

Soient 2 axes de coordonnées rectangulaires :
portons en abcisses les rapports $\dfrac{1}{K}$ de la longueur du mât
au rayon de giration de la section, et en ordonnées les
charges. Nous pouvons représenter la courbe d'Euler, dans

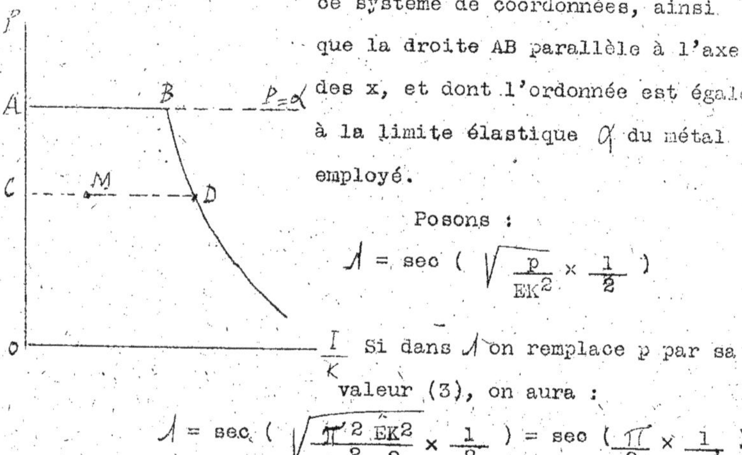

ce système de coordonnées, ainsi
que la droite AB parallèle à l'axe
des x, et dont l'ordonnée est égale
à la limite élastique α du métal
employé.

Posons :
$$\lambda = \sec\left(\sqrt{\dfrac{p}{EK^2}} \times \dfrac{1}{2} \right)$$

Si dans λ on remplace p par sa
valeur (3), on aura :

$$\lambda = \sec\left(\sqrt{\dfrac{\pi^2}{1'^2}\dfrac{EK^2}{EK^2}} \times \dfrac{1}{2} \right) = \sec\left(\dfrac{\pi}{2} \times \dfrac{1}{1'} \right)$$

A chaque valeur de $\dfrac{1}{1'}$ correspond une valeur
de . Prenons sur l'axe des y un point C tel que :

$$\dfrac{AC}{CO} = \dfrac{\nu\alpha}{K^2}$$

et par C menons l'horizontale CD. Soit M un point de cette
droite tel que :

$$\dfrac{CM}{CD} = \dfrac{1}{1'}$$

Les coordonnées du point M (p et $\dfrac{1}{R}$) vérifient

l'équation (2).

On peut ainsi construire par points le lieu de M:
on remarquera que la courbe que l'on obtient dépend essentiellement des valeurs admises pour le modèle de Young R, pour
la limite élastique de métal α , et enfin pour le coefficient δ . Pour une qualité connue d'acier, ou pour des tubes
fabriqués conformément à un cahier de charges, E et α sont
des constantes: mais δ dépend en général du tube ; à chaque valeur de δ correspond une courbe, lieu du point M. Si
on trace le faisceau des courbes correspondant à une série
de valeurs de δ , on aura un graphique donnant la charge limite p pour un mât quelconque fabriqué avec de l'acier de
caractéristiques E et x.

Si on suppose que δ est une fonction bien définie
des dimensions du tube, par exemple :

$$\delta = \frac{1}{600} + \frac{d}{40} \quad \text{(d diamètre intérieur du tube.}$$

en négligeant la "sinuosité" du tube", on pourra pour un mât
standard bien déterminé, dessiner une courbe donnant la charge limite en fonction de la longueur, c'est-à-dire du rapport
$\frac{1}{K}$.

On obtient ainsi des courbes analogues à celles figurées ci-dessous.

****

2°/ <u>MÂTS PROFILÉS EN BOIS.</u>

Si le mât est à section constante sur toute sa longueur, on lui appliquera purement et simplement la formule
d'Euler :

$$Q = \frac{\pi^2 EI}{i^2}$$

Q étant la charge limite qu'il ne faut pas dépasser. Si P est
l'effort de compression auquel doit résister le mât, on devra
avoir :

$$P < Q.$$

Le moment d'inertie I pour la presque totalité des
mâts profilés varie entre :

$$\frac{ba^3}{24} \qquad \text{et} \qquad \frac{ba^3}{56}$$

Si le mât est effilé à ses extrémités, il y aura lieu de le rem-
placer comme il a été dit plus
haut par un mât à section constante, de mê-
me résistance. A titre d'indication nous reproduisons ci-
dessous un diagramme, dû à Monsieur Arthur BERRY, qui permet
de comparer les charges de rupture Q et Q' de deux mâts de
même longueur, mais dont l'un est effilé à ses extrémités,
tandis que l'autre a une section constante et égale à la
section médiane du premier.

Tout cela est basé sur l'application de la formule d'Euler.

$$\varphi = \frac{\pi^2 E I}{\ell^2}$$

Or l'expérience montre qu'un mât, même de longueur suffisante, présente une flèche appréciable sous une charge en bout considérablement inférieure à Q , alors que, conformément à la théorie d'Euler, il devrait rester rectiligne.

Cette contradiction flagrant entre théorie et pratique, est vraisemblablement due à de nombreuses causes : l'hétérogénéité du bois, la courbe initiale du mât et de l'excentricité de la charge.

L'hétérogénéité du bois et la courbure initiale due au gauchissement ont certainement une influence plus grande dans le bois que dans le métal. Quand à l'excentricité de la charge en bout, elle dépend surtout de la nature des garnitures des extrémités du mât.

Les effets de la courbure initiale et de l'excentricité de la charge en bout sont analogues, au point de vue mathématique. On peut en tenir compte de la manière suivante: on détermine une certaine excentricité fictive de la charge en bout en comparant les résultats de l'expérience et ceux du calcul. On peut également compenser l'hétérogénéité du bois employé, en prenant pour bases des calculs des valeurs du modèle de Young et de la charge de rupture inférieures aux valeurs moyennes indiquées par les expériences de manière à se réserver une certaine marge de sécurité.

****

3°/ <u>MÂTS CONSTITUÉS PAR DES PETITS MATÉRIEUX :</u>
<u>BOIS,ENROULÉ, BOIS COLLÉ, etc...</u>

Ici seule l'expérience peut donner des renseignements utiles, la théorie est complètement hors de cause.

Nous donnons ici-dessous un résumé d'essais faits sur des mâts en bois creux contreplaqué. Les avantages de ces mâts sur les mâts pleins sont évidents: économie de matière, sans diminution appréciable de résistance en particulier.

Les figures (1) et (2) montrent les types de mâts essayés et les tableaux donnant les dimensions et les charges de rupture.

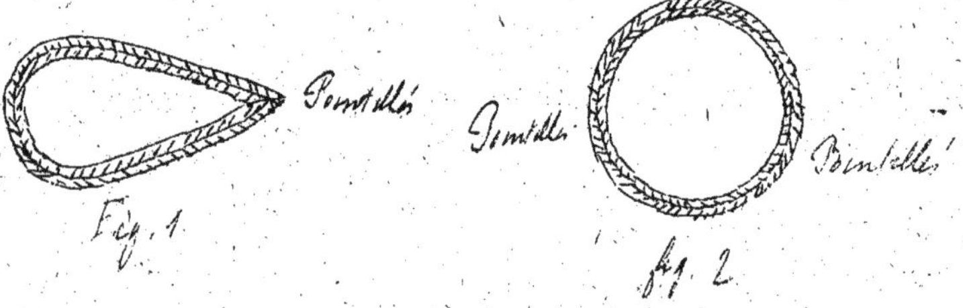

Fig. 1   Fig. 2

Mâts profilés (Spruce)

Longueur	1m,930	1m,936	1m,625
Grand axe	0m,125	0m,128	0m,165
Petit axe	0m,044	0m,046	0m,0565
Poids	1k,530	1k,644	2k,069
Charge de rupture	745 kgs	895 kgs.	2567kgs.

Mâts circulaires (Spruce)

Longueur	0m,576	1m...	0m,250
Diamètre extérieur.....	0m,0240	0m,040	0m,0437
Epaisseur	0,0027	0,0061	0,0081
Charge de rupture	813k,2	1464kgs.	1352kgs.

Pour comparer les charges de rupture telles qu'elles résulteraient du calcul ordinaire de la formule d'Euler, avec les charges de rupture trouvées aux essais réels, le modèle d'élasticité et la charge de rupture du bois de 2 mâts de dimensions bien déterminées, ont été déterminées par expérience.

On doit tenir compte des différences que l'on obtient dans la pratique parce que l'humidité du bois affecté notablement son module d'élasticité.

SECTION TECHNIQUE
de l'AERONAUTIQUE MILITAIRE.

* * * * * * *

T U B E S   R O N D S   É T I R É S

EN ACIER.

* * * * * * * * * * * * * * * * *

TABLEAU D'UNIFICATION.

* * * * * *

SERIE EXTRA MINCE.

N° des tubes	Dimensions.	Epaisseur	Sections du métal en m/m^2	Poids en kilos par mètre	I m/m^4	$\dfrac{I}{V}$ m/m^3	Tolérances sur le diamètre extérieur en m/m	Tolérances sur l'épaisseur
41	6 × 7	0,5	10	0,080	48	14	± 0, m/m 1	+ 1/10 de l'épaisseur
42	9 ×10	-	15	0,115	150	30	-	
43	14 ×15	-	23	0,175	530	70	± 0, m/m 2	-
44	19 ×20	-	31	0,235	1300	130	-	-
45	23,8 ×25	0,6	46	0,355	3100	235	-	-
46	28,6 ×30	0,7	64	0,490	5900	385	-	-
47	32,4 ×34	0,8	83	0,650	11000	625	± 0, m/m 25	-
48	37,4 ×39	-	96	0,745	16400	830	-	-
49	42,4 ×44	-	109	0,845	23100	1060	-	-
50	47,4 ×49	-	121	0,940	32200	1320	-	-
51	53 ×55	1	170	1,320	56100	2070	± 0, m/m 3	-

N.B.- I et $\dfrac{I}{V}$ sont calculés en tenant compte des tolérances qui donnent la section la plus faible.

Les sections et les poids sont calculés en prenant les dimensions nominales

TUBES RONDS ÉTIRÉS

EN ACIER.

SECTION TECHNIQUE

de l'AERONAUTIQUE MILITAIRE.

****

TABLEAU D'UNIFICATION.

****

TUBES DESTINÉS A DES EMPLOIS SPÉCIAUX.

N° des tubes	Dimensions.	E-paisseur	Sections du métal en $\frac{m}{m}2$	Poids en kilos par mètre	I m/m⁴	$\frac{I}{V}$ m/m³	tolérances sur le diamètr extérieur en $\frac{m}{m}$	tolérances sur l'épaisseur.
				Tubes pour Essieux .				
61	40× 45	2,5	334	2570	70200	3120	+ 0,$\frac{m}{m}$25	+ 0,09 de l'épaisseur
62	48× 55	3,5	566	4360	177800	6580	+ 0,$\frac{m}{m}$ 3	+ 0,07 de l'ép/
63	71× 80	4,5	1067	8220	742400 .	18100.	+ 0,$\frac{m}{m}$ 4	-
				Tubes pour Bagues d'Essieux.				
71	45,2×51,2	3	454	3500	123100	4810	+ 0,$\frac{m}{m}$ 3	+ 009 de l'épaisseur
72	55,2×61,2	3	548	4220	216700	7050	-	-
73	80,2×86,2	3	784	6050	620400	14680	+ 0,$\frac{m}{m}$ 4	-
				Tubes pour Noyaux de Roues.				
81	63 65	1	201	1580	93900	2850	+ 0,$\frac{m}{m}$ 2	+ 1/10 de l'épaisseur
82	89 92	1,5	426	3340	399000	8560	-	-

N.B.- I et $\frac{I}{V}$ sont calculés en tenant compte des tolérances qui donnent la section la plus faible.

Les sections et les poids sont calculés en prenant les dimensions nominales.

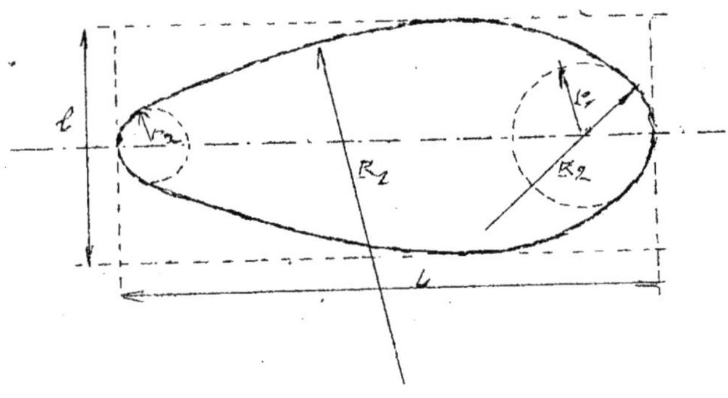

Nº des tubes	DIMENSIONS EN $^{m}\!/_{m}$						épaisseur en $^{m}\!/_{m}$	section du métal en $^{m}\!/_{m}$	Poids en kilos par mètre	1 (10^{12})	TOLERANCES		
	L	l	R_1	R_2	r_1	r_2					sur le grand axe	sur le petit axe	sur l'épaisseur
191	65	28	110	28	8	5	1,25	174	0,539	16,378	± 0,$^{m}\!/_{m}$60	± 0,$^{m}\!/_{m}$30	± 7/100
192	82	35	140	3575	10	5	1,60	264	0,817	36,120	——	——	——
193	93	40	170	40	12	6	1,78	391	1,183	65,106	——	——	——
194	116	50	200	50	15	8	2 25	585	1,802	168,314	——	——	——

N.B.-Les I et les Sections sont calculés en tenant compte des tolérances qui donnent la section la plus faible. Les Poids sont calculés à partir des dimensions nominales.

P.O. Le Colonel Directeur de l'aéronautique et directeur du Service Central des fabrications de l'Aviation.

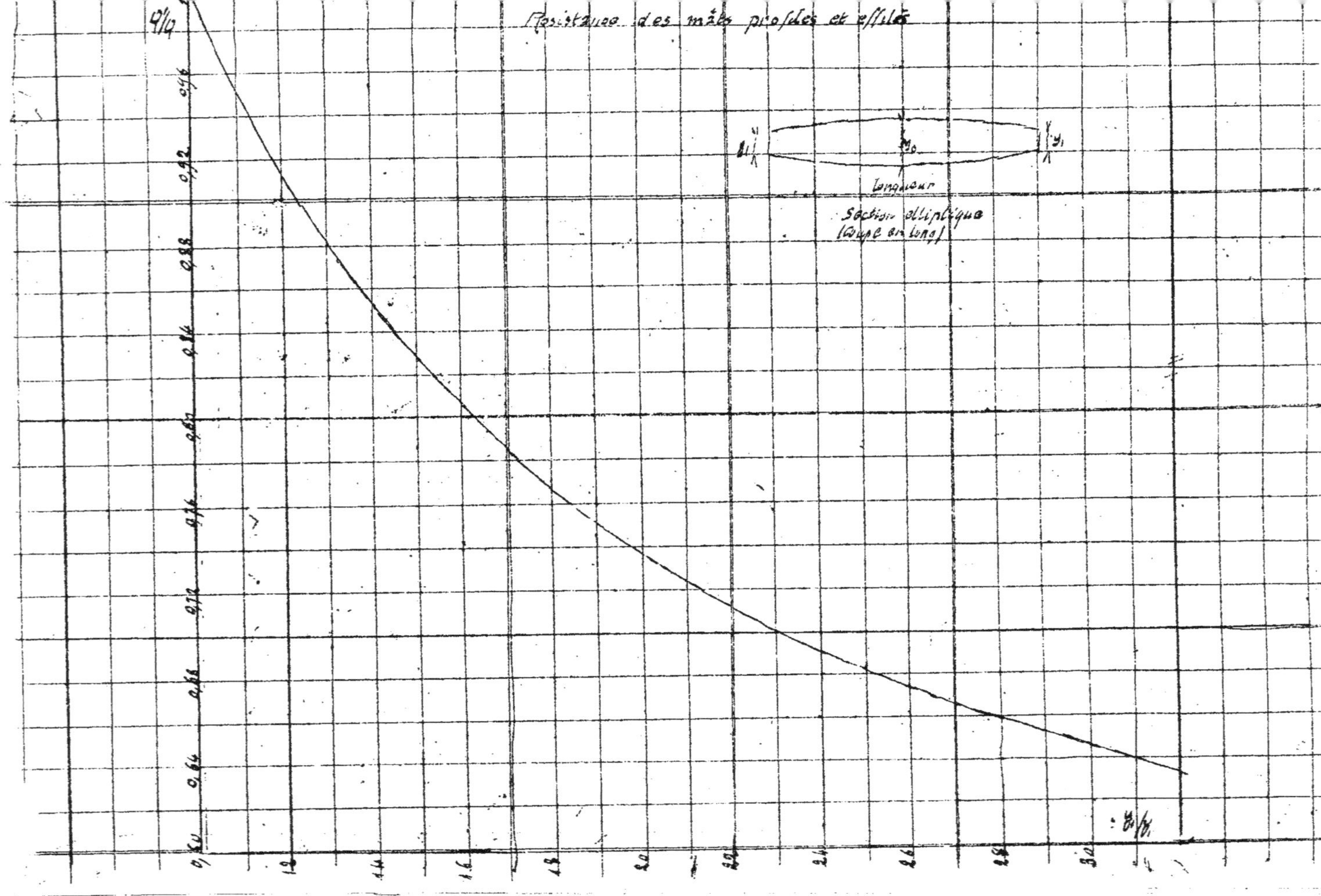

Résistance des mâts profilés et effilés
q/q
0,96
0,92
0,88
0,84
0,80
0,76
0,72
0,68
0,64
0,60
1,0   1,2   1,4   1,6   1,8   2,0   2,2   2,4   2,6   2,8   3,0
B/B₁
longueur
Section elliptique
(coupe en long)

Charge de Rupture

des mâts standard en duralumin

Les courbes en pointillé ont été obtenues expérimentalement

Les courbes en traits pleins ont été obtenues avec la formule $P = \dfrac{35\,S}{1 + 0{,}00042\,\dfrac{S\,L^2}{I}}$

N° des mâts	Section	S en m²	L en mm⁴
191	65,28	174	16378
192	82,35	264	36180
193	93,40	341	65106
194	116,50	585	168314

Longueur des mâts en m/m

Charges limites en Kgs

N° 191   N° 192   N° 193   N° 194

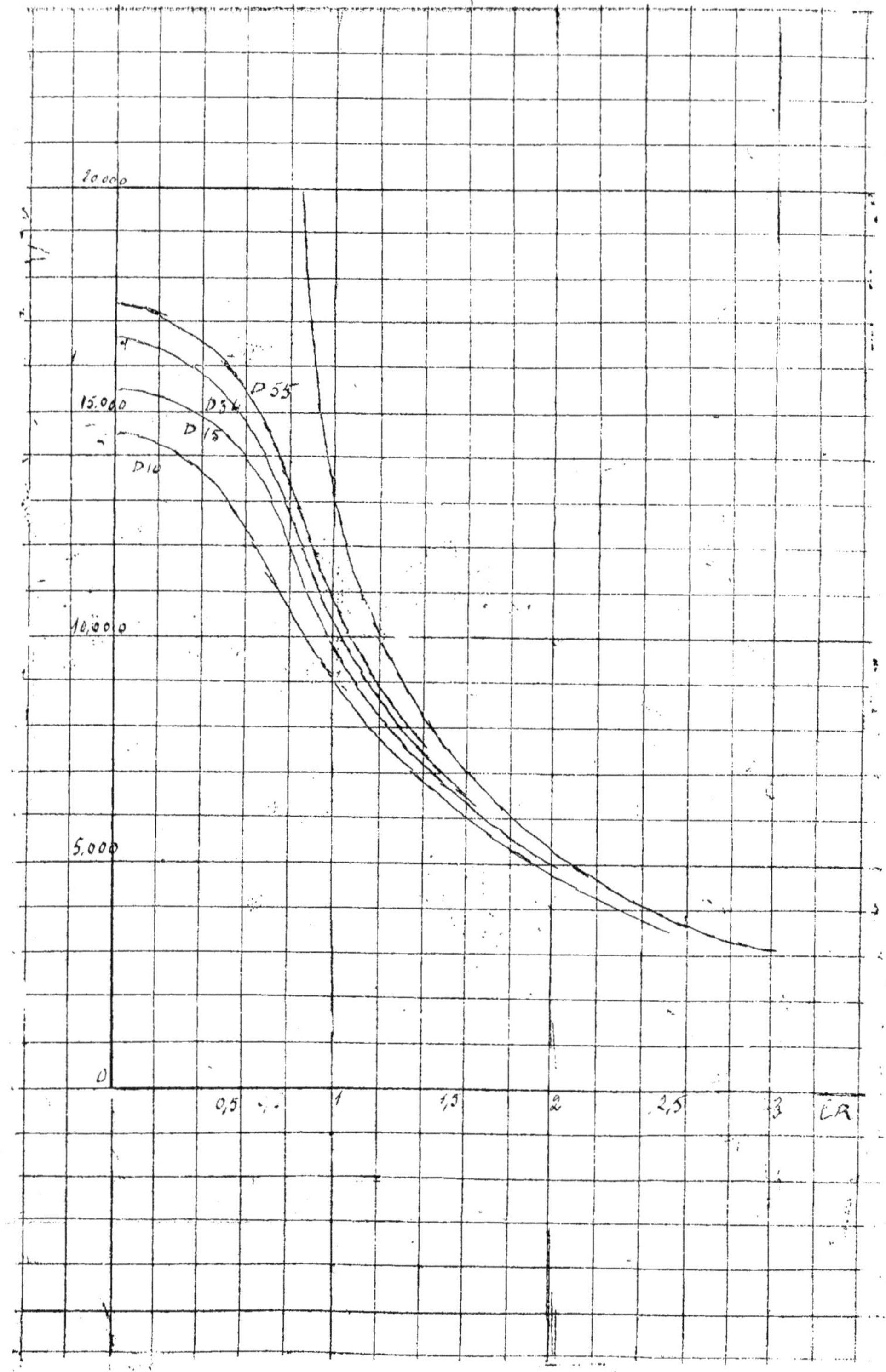

20.000
15.000
10.000
5.000
0
D 55
D 35
D 15
D 10
0,5
1
1,5
2
2,5
3
LR

on appliquera l'une ou l'autre des équations 10 ou 10bis, en remarquant que :

$$M_{A_0} = \frac{r_1 \ell_0^2}{2}$$

$$M_{A_2} = o$$

Chaque travée additionnelle augmente d'une unité le nombre des inconnues, ainsi que le nombre des équations pour chaque longeron.

Deuxième Cas.- Les longerons sont rigides d'un bout à l'autre de l'aile.

On ajoutera à l'équation relative aux 3 appuis A_0 A_1 A_2 celle relative aux 3 appuis A_1 A_2 A_5 dans laquelle on tient compte de l'égalité.

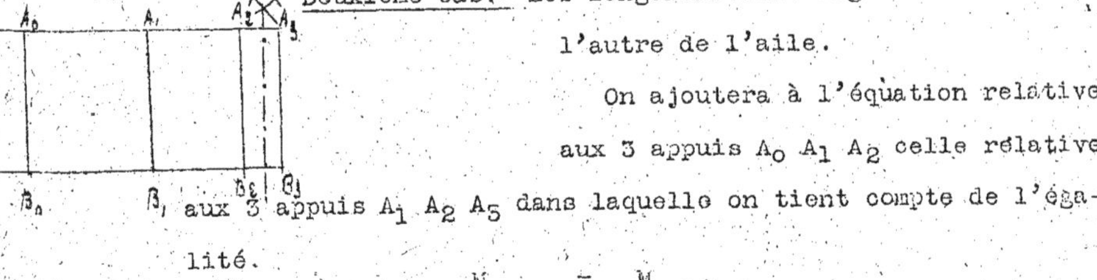

$$M_{A_2} = M_{A_3}$$

résultant de la symétrie de la cellule.

Quelque soit le cas le cas qui se présente, on peut donc calculer ainsi les moments de flexion sur appuis, les valeurs approximatives des réactions sur appuis, et par suite, à l'aide des méthodes déjà connues, les compressions et les tensions dans les longerons et les haubans.

A l'aide des valeurs de P_1 P_2 ainsi calculées, on pourra rechercher des valeurs approchées de Λ_1 et Λ_2 . Si ces valeurs sont peu différentes des premières, le calcul est termin si elles en diffèrent d'une façon notable, ou bien si on a affaire à des angles λ voisins de 90°, pour lesquels une faible variation entraîne de grandes différences dans les valeurs correspondantes des fonctions f,g,h, un deuxième calcul est nécessaire. Et ainsi de suite, jusqu'à ce que l'approximation obtenue soit jugée suffisante.

2°/ Calcul des moments de flexion maxima. Efforts correspondants dans les fibres.

En un point quelconque d'abcisses x d'une travée comprimée $A_i - A_i$, le moment fléchissant est M :

$$(4) \quad M = \left(M_{Ai} - M_{Ai-1} \quad \cos 2\lambda i \right) \frac{\sin \mu_i x}{\sin 2\lambda i} + M_{Ai-1} \cos \mu_i x -$$

$$\frac{r_1}{\mu_i^2} \left(1 - \frac{f(\mu_i x - \lambda i)}{f \lambda i} \right)$$

équation qu'on peut écrire :

$$(12) \quad M = \frac{r_1}{\mu_i^2} \left(\frac{\cos(\mu_i x - \lambda i) - 1}{\cos \lambda i} \right) + M_{Ai} \cdot \frac{\sin \mu_i x}{\sin 2 \lambda i} - M_{Ai-1}$$

$$\frac{\sin(\mu_i x - 2 \lambda i)}{\sin 2 \lambda i}$$

Le moment de flexion M est maximum quand $\dfrac{DM}{dx} = 0$

$$\left\{ -\frac{r_1}{\mu_i} \sin\left(\frac{\mu_i x - \lambda_i}{2\lambda_i}\right) + \mu_i\, M_{Ai}\, \frac{\cos \mu_i x}{\sin 2\lambda_i} - \mu_i\, M_{Ai-1} \right.$$

$$\left. \frac{\cos(\mu_i x - 2\lambda_i)}{\sin 2\lambda_i} = 0 \right.$$

ce qui donne :

$$(13) \qquad \operatorname{tg}(\mu_i x - \lambda_i) = \frac{\dfrac{1}{2}(M_{Ai} - M_{Ai-1})}{\dfrac{r_1}{\mu_i^2} + \dfrac{1}{2}(M_{Ai} + M_{Ai-1})} \quad \operatorname{cotg}\ i$$

équation qui détermine l'abcisse x du point de la travée où le moment fléchissant est maximum.

Si la valeur absolue de $\mu_i x$ donnée par l'équation (13) est supérieure à $\mu_i \ell$, c'est-à-dire à $2\lambda_i$, il n'y a pas de maximum, et M croît constamment de M_{Ai-1} à M_{Ai} ou de M_{Ai} à M_{Ai-1}

Si au contraire, la valeur absolue de $\mu_i x$ est $< 2\lambda_i$ il y a un maximum M_m.

$$(14) \qquad M_m = \frac{\dfrac{r_1}{\mu_i^2} + \dfrac{1}{2}(M_{Ai} + M_{Ai-1})}{\cos\lambda_i \cos(\mu_i x - \lambda_i)} - \frac{r_1}{\mu_i^2}$$

Si on avait eu une tension au lieu d'une compression les formules deviendraient :

$$(12\text{bis}) \quad M = \frac{r_1}{\mu_i^2}\left(1 - \frac{\operatorname{Ch}(\mu_i x - \lambda_i)}{\operatorname{Ch}\lambda_i}\right) + M_{Ai}\, \frac{\operatorname{Sh}\mu_i x}{\operatorname{Sh}2\lambda_i} - M_{Ai-1}$$

$$\frac{\operatorname{Sh}(\mu_i x - 2\lambda_i)}{\operatorname{Sh}2\lambda_i}$$

$$(13bis) \quad Th\,(\mu_i x - \lambda i) = \frac{\frac{1}{2}\,(M_{A_i} - M_{A_{i-1}})}{\frac{r_1}{\mu_i^2} + \frac{1}{2}\,(M_{A_i} + M_{A_{i-1}})}\,coth\,\lambda i$$

$$(14bis) \quad M_m = \frac{\dfrac{r_1}{\mu_i^2} + \dfrac{1}{2}\,(M_{A_i} + M_{A_{i-1}})}{Ch\,\lambda i\;Ch\,(\mu_i x - \lambda i)} + \frac{r_1}{\mu_i^2}$$

Enfin, quand la travée n'est ni tendue, ni comprimée, on a :

$$M = \frac{1}{2}\,r_1\,x\,(\ell_i - x) + \frac{x}{\ell_i}\,(M_{A_i} - M_{A_{i-1}}) + M_{A_{i-1}}$$

Le moment fléchissant est maximum au point d'abcisse :

$$x = \frac{\ell_i}{2} + \frac{1}{\ell_i}\,\frac{M_{A_i} - M_{A_{i-1}}}{r_1}$$

et la valeur de ce maximum est :

$$M_m = r_1\,\frac{\ell_i^2}{8} + \frac{1}{2}\,(M_{A_{i-1}} + M_{A_i}) + \frac{1}{2\,r_1\,\ell_i^2}\,(M_{A_i} - M_{A_{i-1}})^2$$

Quelque soit le cas qui se présente, la valeur du moment fléchissant maximum dans chaque travée est en général négative. En prenant sa valeur absolue, la fatigue de la fibre la plus fatiguée dans la travée considérée est donnée par la formule habituelle :

$$n = \frac{M_m}{\frac{I}{V}} + \frac{P}{\Omega}$$

3°/ <u>Calcul des flèches.</u>

En recherchant la flèche dans une travée, on pourra

comparer les résultats des essais statiques avec les prévisions du calcul.

La flèche y en un point d'abcisse x est donnée par l'équation (5).

Il n'y a pas de méthode mathématique simple donnant le point où la flèche y est maxima. Il est plus facile d'employer une méthode graphique, et construire la courbe des y. Cette courbe est immédiate, si on possède la courbe représentative des moments de flexion M. Il suffit en effet d'appliquer l'équation :

$$(15) \quad P_i y = \frac{1}{2} r_1 x (x - \ell i) - (M_{Ai} - M_{Ai-1}) \frac{x}{\ell i} - M_{Ai-1} + M$$

La différence des ordonnées de la parabole :

$$Y = \frac{1}{2} r_1 x (\ell i - x) + (M_{Ai} - M_{Ai-1}) \frac{x}{\ell i} + M_{Ai-1}$$

et la courbe représentative de M, donnera la courbe des Py et par suite la courbe des Y.

On aurait des formules et des conclusions analogues, dans le cas de la tension: l'équation (15) devenant :

$$(16) \quad P_i y = \frac{1}{2} r_1 x (\ell i - x) + (M_{Ai} - M_{Ai-1}) \frac{x}{\ell i} + M_{Ai-1} - M$$

Enfin si la travée n'était pas ni tendue, ni comprimée on aurait :

$$\left\{ \begin{aligned} EIy &= \frac{x (x - \ell i)}{24} r_1 (x^2 - \ell i\, x - x^2) + 4 M_{Ai-1} \frac{x - 2\ell i}{\ell i} \\[2mm] &\quad - 4 M_{Ai} \frac{x + \ell i}{\ell i} \end{aligned} \right.$$

On peut calculer la flèche au point où le moment de flexion est maximum. Dans le cas d'une compression on devra pour cela substituer dans la formule (15) les valeurs de x et de M données par les équations (13) (14).

De même dans le cas d'une tension.

Il faudra affecter x et M des signes donnés par les formules, et respecter ces signes, les formules étant générales par suite des conventions faites dès le début.

REMARQUE.- La formule (12) qui donne la valeur du moment fléchissant en un point et susceptible d'une construction graphique simple, qui permet d'obtenir le diagramme des moments de flexion dans chaque travée.

Soit en effet la travée A_{i-1} A_i : divisons l'axe de la poutre en parties égales et traçons sur le prolongement de l'axe 3 cercles concentriques, de centre O, ayant respectivement comme rayon $\dfrac{r_1}{\mu_i^2}$, $M_{A_{i-1}}$ et M_{A_i}

La formule (12) peut s'écrire :

$$M = \frac{1}{\sin 2\lambda_i} \left(\frac{r_1}{\mu_i^2} \left(\sin \mu_i x - \sin (\mu_i x - 2\lambda i) - \sin 2\lambda i \right) + M_{A_i} \sin \mu_i x - M_{A_{i-1}} \sin (\mu_i x - 2\lambda i) \right)$$

Nous portons sur un de ces cercles les petits arcs, 01, 12.... 0'1', 1'2'....respectivement égaux à $\dfrac{2\lambda i}{n}$

Si nous considérons la section de la poutre de rang p, l'abcisse de cette section est :

$$x = p \frac{\ell i}{n}$$

$$\mu_i x = p \, \mu_i \frac{\ell i}{n} = p \, \frac{2 \lambda i}{n}$$

Choisissons par exemple la section de rang 5.

Nous avons immédiatement en $\overline{ba}$ la quantité :

$$\frac{r_1}{\mu_i^2} \left(\sin \mu_i x + \sin \left(2\lambda i - \mu_i x \right) \right)$$

Nous avons de même en $\overline{Oo}$ la quantité :

$$\sin 2\lambda i$$

Si nous portons à partir de o le segment $\overline{cd} = \overline{ab}$, nous aurons en $\overline{do}$ le terme :

$$\frac{r_1}{\mu_i^2} \left(\sin \mu_i x + \sin \left(2\lambda - \mu_i x \right) - \sin 2\lambda i \right)$$

Nous aurons de même en $\overline{fg}$, un segment égal à :

$$M_{A_i} \sin \mu_i x + M_{A_{i-1}} \sin \left(2\lambda_i - \mu_i x \right)$$

portons $\overline{pq} = \overline{do}$ et $\overline{pr} = \overline{fg}$. En supposant que M_{A_i} et $M_{A_{i-1}}$ soient négatifs, et par suite que la partie de la formule 17, relative aux moments sur appuis se retranche de l'autre, on a immédiatement en chaque point de la travée la valeur de M et par suite le diagramme des moments fléchissants relatifs à cette travée, diagramme qu'on devra lire avec le coefficient de réduction $\frac{1}{\sin}$

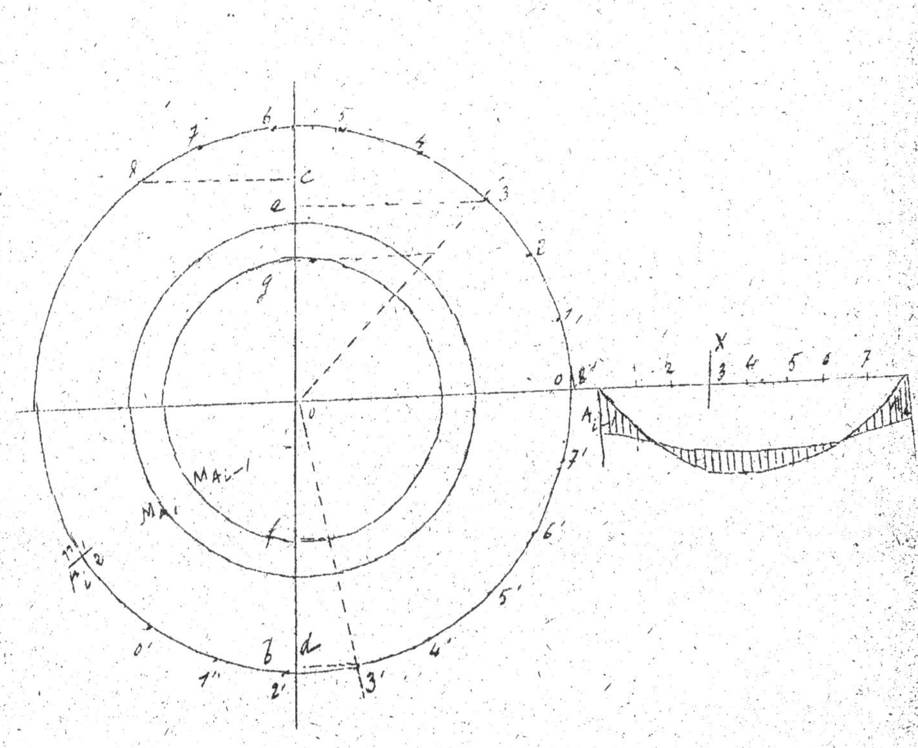
8
7
6
5
4
3
2
1
c
e
g
0
MA-1
MA
n
2
0'
1"
2'
b d
3'
4
5'
6'
7'
8'
A
0
1
2
3
4
5
6
7
X

T A B L E I

****

CAS de la COMPRESSION

en degrés.

d	f (d)	g (d)	h (d)	d	f (d)	g (d)	h (d)
4	10	10	10	4	10	10	10
0	1.0000	1.0000	1.0000	30	1.1446	1.0817	1.1234
1	1.0001	1.0001	1.0001	31	1.1558	1.0879	1.1329
2	1.0006	1.0003	1.0005	32	1.1675	1.0945	1.1428
3	1.0013	1.0007	1.0011	33	1.1799	1.1013	1.1533
4	1.0023	1.0013	1.0019	34	1.1928	1.1086	1.1643
5	1.0036	1.0020	1.0030	35	1.2065	1.1161	1.1759
6	1.0051	1.0029	1.0044	36	1.2208	1.1241	1.1880
7	1.0070	1.0040	1.0060	37	1.2359	1.1324	1.2007
8	1.0092	1.0052	1.0078	38	1.2517	1.1412	1.2140
9	1.0116	1.0066	1.0099	39	1.2683	1.1503	1.2281
10	1.0144	1.0082	1.0123	40	1.2858	1.1600	1.2429
11	1.0175	1.0100	1.0150	41	1.3042	1.1701	1.2534
12	1.0209	1.0120	1.0179	42	1.3236	1.1807	1.2747
13	1.0246	1.0140	1.0210	43	1.3440	1.1913	1.2918
14	1.0286	1.0163	1.0245	44	1.3654	1.2055	1.3099
15	1.0329	1.0188	1.0282	45	1.3880	1.2158	1.3289
16	1.0376	1.0214	1.0322	46	1.4118	1.2288	1.3439
17	1.0427	1.0243	1.0365	47	1.4370	1.2425	1.3700
18	1.0481	1.0273	1.0411	48	1.4635	1.2568	1.3922
19	1.0538	1.0306	1.0460	49	1.4915	1.2720	1.4157
20	1.0599	1.0341	1.0512	50	1.5211	1.2879	1.4405
21	1.0664	1.0377	1.0568	51	1.5524	1.3048	1.4666
22	1.0734	1.0416	1.0628	52	1.5856	1.3226	1.4944
23	1.0807	1.0458	1.0690	53	1.6208	1.2415	1.5237
24	1.0884	1.0502	1.0756	54	1.6582	1.3615	1.5549
25	1.0966	1.0548	1.0825	55	1.6979	1.3827	1.5880
26	1.1052	1.0596	1.0898	56	1.7403	1.4052	1.6232
27	1.1145	1.0647	1.0976	57	1.7853	1.4291	1.6607
28	1.1239	1.0701	1.1058	58	1.8335	1.4546	1.7007
29	1.1340	1.0758	1.1144	59	1.8850	1.4818	1.7454

λ	$f(\lambda)$	$g(\lambda)$	$h(\lambda)$	λ	$f(\lambda)$	$g(\lambda)$	$h(\lambda)$
60	1.9401	1.5109	1.7891	73,0	3.2867	2.2074	2.8965
61	1.9994	1.5421	1.8381	73,1	3.3054	2.2170	2.9116
62	2.0631	1.5755	1.8908	73,2	3,3243	2.2266	2.9270
63	2.1318	1.6115	1.9476	73,3	3.3434	2.2364	2.9427
64	2.2060	1.6503	2.0009	73,4	3.3627	2.2463	2.9585
65	2.2865	1.6922	2.0753	73,5	3.3823	2.2563	2.9746
66	2.3741	1.7377	2.1474	73,6	3.4022	2.2664	2.9908
67	2.4695	1.7872	2.2250	73,7	3.4223	2.2767	3.0072
38	2.5739	1.8412	2.3119	73,8	3.4426	2.2871	3.0238
69	2.6886	1.9005	2.4161	73,9	3.4632	2.2976	3.0407
70,0	2.8152	1.9657	2.5100	74,0	3.4841	2.3082	3.0577
70,1	2.8286	1.9725	2.5210	74,1	3.5052	2.3190	3.0750
70,2	2.8421	1.9795	2.5321	74,2	3.5266	2.3299	3.0925
70,3	2.8557	1.9865	2.5433	74,3	3.5483	2.3410	3.1102
70,4	2.8695	1.9936	2.5546	74,4	3.5702	2.5522	3.1232
70,5	2.8835	2.0008	2.5660	74,5	3.5925	2.3635	3.1364
70,6	2.8976	2.0080	2.5776	74,5	3.6150	2.3750	3.1648
70,7	2.9118	2.0153	2.5893	74,7	3.6369	2.3866	3.1834
70,8	2.9262	2.0227	2.6011	74,8	3.6610	2.3084	3.2023
70,9	2.9407	2.0302	2.6130	74,9	3.6845	2.4104	3.2215
71,0	2.9554	2.0378	2.06250	75,0	3.7083	2.4225	3.2409
71,1	2.9703	2.0454	2.6372	75,1	3.7323	2.4348	3.2606
71,2	2.9853	2.0531	2.6495	75,2	3.7568	3.4472	3.2806
71,3	3.0005	2.0609	2.6620	75,3	3.7815	2.4598	3.3008
71,4	3.0159	2.0688	2.6746	75,4	3.8066	2.4726	3.3213
71,5	3.0314	2.0767	2.6873	75,5	3.8321	2.4855	3.3421
71,6	3.0471	2.0848	2.7001	75,6	3.8579	2.4987	3.3631
71,7	3.0630	2.0929	2.7131	75,7	3.8841	2.5120	3.3846
71,8	3.0790	2.1011	2.7263	75,8	3.9107	2.5255	3.4062
71,9	3.0953	2.1095	2.7396	75,9	3.9375	2.5392	3.4282
72,0	3.1117	2.1179	2.7530	76,0	3.9650	2.5531	3.4505
72,1	3.1283	2.1264	2.7635	76,1	3.9927	2.5672	3.4731
72,2	3.1451	2.1350	2.7804	76,2	4.0208	2.5814	3.4961
72,3	3.1621	2.1437	2.7943	76,3	4.0494	2.5959	3.5194
72,4	3.1792	2.1524	2.8084	76,4	4.0784	2.6107	3.5431
72,5	3.1966	2.1614	2.8226	76,5	4.1078	2.6353	3.5671
72,6	3.2142	2.1704	2.8370	76,6	4.1376	2.6408	3.5914
72,7	3.2320	2.1795	2.8516	76,7	4.1680	2.6561	3.6162
72,8	3.2500	2.1887	2.8663	76,8	4.1987	2.6718	3.6412
72,9	3.2685	2.1980	2.8812	76,9	4.2300	2.6876	3.6667

λ	$f(\lambda)$	$g(\lambda)$	$h(\lambda)$	λ	$f(\lambda)$	$g(\lambda)$	$h(\lambda)$
77,0	4.2617	2.7037	3.6926	81,0	6.1136	3.6408	5.2028
77,1	4.2940	2.7201	3.7189	81,1	6.1845	3.6750	5.2580
77,2	4.3267	2.7367	3.7456	81,2	6.2540	3.7100	5.3145
77,3	4.3600	2.7535	3.7727	81,3	6.3251	3.7458	5.3722
77,4	4.3938	2.7707	3.8003	81,4	6.3978	3.7824	5.4314
77,5	4.4281	2.7881	3.8283	81,5	6.4722	3.8199	5.4919
77,6	4.4631	2.8058	3.8568	81,6	6.5485	3.8582	5.5538
77,7	4.4986	2.3237	3.8857	81,7	6.6625	3.8975	5.6173
77,8	4.5346	2.2420	3.9181	81,8	6.7065	3.9378	5.6823
77,9	4.5713	2.8606	3.9450	81,9	6.7885	3.9790	5.7489
78,0	4.6086	2.8795	3.9759	82,0	6.8785	4.0213	5.8172
78,1	4.6465	2.8987	4.0063	82,1	6.9587	4.0646	5.8873
78,2	4.6851	2.9182	4.0377	82,2	7.0471	4.1091	5.9591
78,3	4.7243	2.9380	4.0697	82,3	7.1378	4.1547	6.0328
78,4	4.7643	2.9582	4.1022	82,4	7.2309	4.2015	6.1084
78,5	4.0049	2.9788	4.1353	82,5	7.3265	4.2496	6.1861
78,6	4.8462	2.9997	4.1690	82,6	7.4246	4.2989	6.2658
78,7	4.8883	3.0210	4.2032	82,7	7.5255	4.3296	6.3478
78,8	4.9311	3.426	4.2381	82,8	7.6292	4.4017	6.4320
78,9	4.9748	3.0647	4.2737	82,9	7.7359	4.4553	6.5186
79,0	5.0192	3.0871	4.3088	83,0	7.8456	4.5104	6.6077
79,1	5.0644	3.1100	4.3467	83,1	7.9584	4.5671	6.6994
79,2	5.1105	3.1333	4.3842	83,2	8.0746	4.6255	6.7938
79,3	5.1575	3.1570	4.4224	83,3	8.1943	4.6856	6.8910
79,4	5.2053	3.1812	4.4613	83,4	8.3173	4.7475	6.9911
79,5	5.2541	3.2058	4.5010	83,5	8.4447	4.8114	7.0944
79,6	5.3038	3.2309	4.5415	83,6	8.5759	4.8772	2.2008
79,7	5.3545	3.2565	6.5288	83,7	8.7112	4.9451	7.3107
79,8	5.4062	3.2826	4.6268	83,8	8.8508	5.0152	7.4241
79,9	5.4589	3.3092	4.6677	83,9	8.9951	5.0876	7.5414
80,0	5.5127	3.3363	4.7115	84,0	9.1442	5.1624	7.6622
80,1	5.5675	3.3640	4.7561	84,1	9.2983	5.2398	7.7874
80,2	5.6235	3.3982	4.8017	84,2	9.4578	3.3198	7.9168
80,3	5.6807	3.4211	4.8482	84,3	9.6229	5.4026	5.0508
80,4	5.7390	3.4505	4.8957	84,4	9.7939	5.4884	8.1896
80,5	5.7986	3.4805	4.9442	84,5	9.9711	5.5773	8.3335
80,6	5.8595	3.5112	4.9937	84,6	10.1549	5.8694	8.4827
80,7	5.9217	3.5426	5.0442	84,7	10.3457	5.7651	8.6375
80,8	5.9853	3.5746	5.0959	84,8	10.5438	5.8644	8.7982
80,9	6.0502	3.6073	5.1438	84,9	10.7497	5.9677	8.6653

λ	$f(\lambda)$	$g(\lambda)$	$h(\lambda)$	λ	$f(\lambda)$	$g(\lambda)$	$h(\lambda)$
85,0	10.9638	6.0750	9.1391	86,6	16.1067	8.6510	13.3109
85,1	11.1867	6.1867	9.3200	86,7	16.5939	8.8949	13.7060
85,2	11.4189	6.3031	9.5084	86,8	17.1116	9.1541	14.1259
85,3	11.6610	6.4245	9.7049	86,9	17.6627	9.4299	14.5727
85,4	11.9137	6.5511	9.9098				
85,5	12.1776	6.6833	10.1239	87,0	18.2506	9.7241	15.0495
85,6	12.4535	6.8215	10.3478	87,1	18.8791	10.0387	15.5592
85,7	12.7423	6.9662	10.5821	87,2	19.5525	11.3757	16.1052
85,8	13.0448	7.1178	10.8275	87,3	20.2738	11.7875	16.6917
85,9	13.3621	7.2767	11.0849	87,4	21,0548	11.1275	17.3255
				87,5	21.8961	11.5488	18.0054
86,0	13.6954	7.4436	11.3552	87,6	22.8076	12.0043	18,7444
86,1	14.0457	7.6190	11.6394	87,7	23.7983	12.5000	19.5478
86,2	14.4144	7.8037	11.9384	87,8	24.8792	13.0408	20.4240
86,3	14.8032	7.9984	12.2537	87,9	26.0631	13.6330	21.3859
86,4	15.2135	8.2038	12.5865				
86,5	15,6473	8.4210	12.9580	88,0	27.3653	14.2844	22.4396

η	$F(\eta)$	$G(\eta)$	$H(\eta)$	η	$F(\eta)$	$G(\eta)$	$H(\eta)$
1.40	0.5037	0.6967	0.5627	1.50	0.4670	0.6716	0.5288
1.41	0.4999	0.6942	0.5593	1.51	0.4635	0.6692	0.5355
1.42	0.4962	0.6916	0.5559	1.52	0.4600	0.6668	0.5222
1.43	0.4924	0.6891	0.5525	1.53	0.4565	0.6643	0.5189
1.44	0.4887	0.6866	0.5491	1.54	0.4530	0.6619	0.5157
1.45	0.4851	0.6840	0.5457	1.55	0.4496	0.6595	0.5125
1.46	0.4814	0.6815	0.5423	1.56	0.4462	0.6571	0.5093
1.47	0.4778	0.6790	0.5389	1.57	0.4428	0.6547	0.5061
1.48	0.4742	0.6766	0.5355	1.58	0.4395	0.6524	0.5030
1.49	0.4706	0.6741	0.5321	1.59	0.4361	0.6500	0.4999
				1.60	0.4328	0.6476	0.4968

TABLE II

****

CAS de la TENSION

en radiants

α	$F(\alpha)$	$G(\alpha)$	$H(\alpha)$	α	$F(\alpha)$	$G(\alpha)$	$H(\alpha)$
0.000	1.0000	1.0000	1.0000	0.30	0.9595	0.9733	0.9653
0.01	0.9999	1.0000	.9999	0.31	0.9569	0.9753	0.9630
0.02	0.9998	0.9999	0.9998	0.32	0.9542	0.9737	0.9607
0.03	0.9996	0.9988	0.9996	0.33	0.9514	0.9721	0.9583
0.04	0.9992	0.9996	0.9994	0.34	0.9486	0.9705	0.9558
0.05	0.9988	0.9993	0.9990	0.35	0.9457	0.9688	0.9533
0.06	0.9983	0.9990	0.9986	0.36	0.9427	0.9671	0.9507
0.07	0.9977	0.9987	0.9981	0.37	0.9396	0.9653	0.9481
0.08	0.9970	0.9983	0.9975	0.38	0.9365	0.9635	0.9454
0.09	0.9962	0.9979	0.9968	0.39	0.9333	0.9617	0.9427
0.10	0.9953	0.9973	0.9960	0.40	0.9303	0.9598	0.9399
0.11	0.9944	0.9968	0.9952	0.41	0.9268	0.9579	0.9371
0.12	0.9933	0.9962	0.9943	0.42	0.9234	0.9559	0.9342
0.13	0.9922	0.9955	0.9933	0.43	0.9200	0.9539	0.9312
0.14	0.9909	0.9948	0.9922	0.44	0.9165	0.9519	0.9282
0.15	0.9896	0.9940	0.9910	0.45	0.9129	0.9499	0.9252
0.16	0.9882	0.9932	0.9898	0.46	0.9094	0.9478	0.9221
0.17	0.9867	0.9924	0.9886	0.47	0.9057	0.9456	0.9189
0.18	0.9851	0.9915	0.9872	0.48	0.9020	0.9435	0.9157
0.19	0.9834	0.9905	0.9857	0.49	0.8983	0.9413	0.9125
0.20	0.9816	0.9895	0.9842	0.50	0.8945	0.9391	0.9092
0.21	0.9798	0.9884	0.9826	0.51	0.8906	0.9369	0.9059
0.22	0.9779	0.9873	0.9810	0.52	0.8868	0.9346	0.9026
0.23	0.9758	0.9862	0.9793	0.53	0.8828	0.9323	0.8992
0.24	0.9738	0.9850	0.9775	0.54	0.8789	0.9300	0.8957
0.25	0.9716	0.9387	0.9756	0.55	0.8748	0.9276	0.8922
0.26	0.9693	0.9824	0.9736	0.56	0.8708	0.9253	0.8887
0.27	0.9670	0.9811	0.9717	0.57	0.8667	0.9229	0.8851
0.28	0.9646	0.9797	0.9696	0.58	0.8626	0.9204	0.8815
0.29	0.9621	0.9783	0.9675	0.59	0.8584	0.9180	0.8779

α	$F(\alpha)$	$G(\alpha)$	$H(\alpha)$	α	$F(\alpha)$	$G(\alpha)$	$H(\alpha)$
0.60	0.8542	0.9155	0.8745	1.00	0.6728	0.8060	0.7152
0.61	0.8500	0.9130	0.8706	1.01	0.6683	0.8031	0.7112
0.62	0.8457	0.9105	0.8669	1.02	0.6637	0.8003	0.7072
0.63	0.8414	0.9080	0.8632	1.03	0.6592	0.7975	0.7031
0.64	0.8371	0.9054	0.8595	1.04	0.6547	0.7946	0.6991
0.65	0.8328	0.9028	0.8557	1.05	0.6501	0.7918	0.6950
0.66	0.8284	0.9003	0.8519	1.06	0.6456	0.7890	0.6910
0.67	0.8240	0.8977	0.8481	1.07	0.6411	0.7861	0.6870
0.68	0.8196	0.8960	0.8442	1.08	0.6367	0.7833	0.6830
0.69	0.8151	0.8924	0.8403	1.09	0.6322	0.7805	0.6790
0.70	0.8107	0.8897	0.8364	1.10	0.6278	0.7777	0.6750
0.71	0.8062	0.8871	0.8325	1.11	0.6233	0.7749	0.6711
0.72	0.8017	0.8844	0.8386	1.12	0.6189	0.7721	0.6672
0.73	0.7972	0.8817	0.8247	1.13	0.6145	0.7693	0.6633
0.74	0.7927	0.8790	0.8207	1.14	0.6102	0.7665	0.6594
0.75	0.7881	0.8762	0.8167	1.15	0.6058	0.7637	0.6555
0.76	0.7835	0.8735	0.8127	1.16	0.5615	0.7609	0.6516
0.77	0.7790	0.8708	0.8087	1.17	0.5972	0.7582	0.6477
0.78	0.7744	0.8680	0.8047	1.18	0.5929	0.7554	0.6438
0.79	0.7698	0.8653	0.8007	1.19	0.5886	0.7527	0.6399
0.80	0.7652	0.8625	0.7967	1.20	0.5843	0.7499	0.6360
0.81	0.7606	0.8597	0.7927	1.21	0.5801	0.7472	0.6322
0.82	0.7560	0.8569	0.7887	1.22	0.5759	0.7444	0.6284
0.83	0.7513	0.8541	0.7847	1.23	0.5717	0.7417	0.6246
0.84	0.7467	0.8513	0.7807	1.24	0.5675	0.7390	0.6208
0.85	0.7421	0.8485	0.7766	1.25	0.5633	0.7363	0.6177
0.86	0.7374	0.8457	0.7725	1.26	0.5592	0.7336	0.6133
0.87	0.7328	0.8429	0.7684	1.27	0.5161	0.7309	0.6096
0.88	0.7282	0.8400	0.7643	1.28	0.5510	0.7282	0.6059
0.89	0.7235	0.8372	0.7601	1.29	0.5469	0.7255	0.6022
0.90	0.7189	0.8344	0.7560	1.30	0.5429	0.7229	0.5985
0.91	0.7141	0.8315	0.7519	1.31	0.5389	0.7202	0.5948
0.92	0.7096	0.8287	0.7478	1.32	0.5349	0.7175	0.5912
0.93	0.7050	0.8259	0.7437	1.33	0.5309	0.7149	0.5845
0.94	0.7004	0.8230	0.7396	1.34	0.5269	0.7123	0.5839
0.95	0.6958	0.8202	0.7355	1.35	0.5230	0.7097	0.5803
0.96	0.6912	0.8173	0.7314	1.36	0.5191	0.7071	0.5767
0.97	0.6866	0.8145	0.7273	1.37	0.5152	0.7045	0.5732
0.98	0.6820	0.8117	0.7232	1.38	0.5114	0.7019	0.5697
0.99	0.6774	0.8088	0.7192	1.39	0.5075	0.6993	0.5662

—II " DES FORCES DE TRAINÉE

La direction dans laquelle agissent sur les longerons les charges situées dans le plan des ailes dépend à la fois de la position du centre de poussée et de la disposition particulière de la cellule.

Nous considérero ns dans ce qui suit, que ces charges ont une direction normale quand elles sont orientées d'avant en arrière.

Supposons d'abord que nous ayons une cellule droite, c'est-à-dire dont les plans ne sont pas décalés l'une par rapport à l'autre, dans un sens ou dans l'autre. Soit I l'angle d'incidence auquel correspond une position C du centre de poussée; R la résultante des actions de l'air sur l'aile fait un angle β avec la verticale C.S. Soient S et T. la sustentation et la trainée, S et T les composants de R situées respectivement dans le plan de mâts et dans le plan de l'aile. On a :

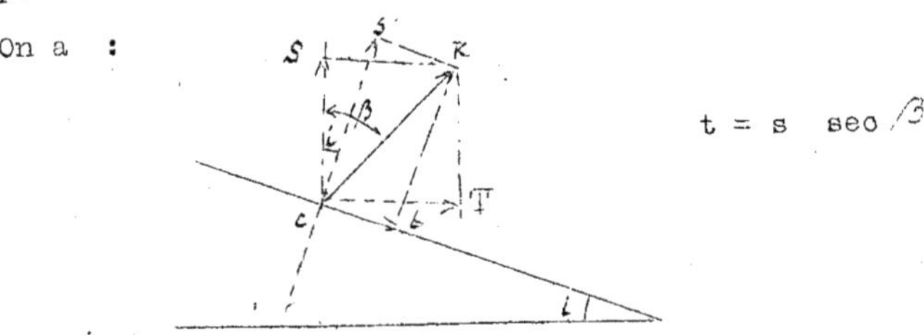

$$t = s \, \sec \beta \, \sin(\beta - i)$$

Ou en remarquand que

$$\frac{T}{S} = tg\,\beta = \frac{Kx}{Ky}$$

il vient :

$$\frac{t}{s} = \cos\varphi \left(\frac{Kx}{Ky} - tg\,i \right)$$

Si $\dfrac{Kx}{Ky} > tg\,i$, t est dirigé normalement d'avant en

arrière, ainsi d'ailleurs que T qui est une force de trainée

proprement dite.

Si au contraire $\dfrac{Kx}{Ky} < tg\,i$, t est dirigé d'ar-

rière en avant, ainsi que T, qui n'est plus à proprement

parler une force de trainée.

L'examen des polaires des ailes employées le plus

couramment en aviation à l'heure actuelle, montre que pour les

grandes incidences, quand le centre de poussée est le plus

près possible du bord d'attaque, c'est la deuxième alternati-

ve qui se présente: la direction des charges situées dans le

plan de l'aile est inversée.

Si au contraire, le centre de poussée est dans la par-

tie arrière de l'aile, ces charges reprennent leur direction

normale.

Considérons maintenant une cellule dans laquelle le

plan supérieur par exemple est décalé de δ par rapport au plan inférieur, conformément au schéma ci-dessous.

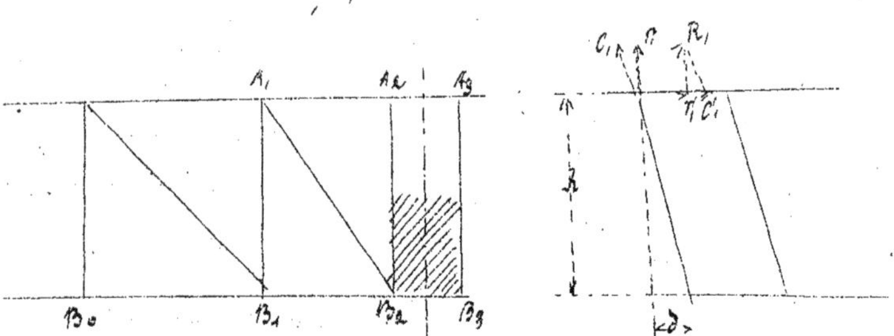

En général un décalage en avant a pour effet d'augmenter les charges dans la cellule, et plus particulière- ment d'augmenter la charge dans le plan de l'aile, et par suite les efforts de compression dans le longeron arrière et les ef- forts de tension dans le longeron avant, en ne considérant que la poutre supérieure de la cellule, et en supposant normale la direction de ces charges.

Considérons en effet la charge R_1 résultant des actions de l'air sur l'aile, et transmise par exemple au lon- geron avant par les nervures et la toile.

Si la cellule était droite, R_1 se décomposerait en 2 autres forces r_1 et r_1' respectivement situées dans le plan des mâts et dans le plan de l'aile.

Par suite du décalage, ces 2 forces sont remplacées par 2 autres ρ_1 et ρ_1' qui leur sont manifestement supérieures.

En particulier :

$$(1) \qquad \rho_1' - r_1' = \frac{d}{h}\, r_1$$

On voit que plus le décalage d est grand, plus l'augmentation de la charge dans le plan de l'aile est grande, et par suite plus les efforts développés dans les membrures sont considérables.

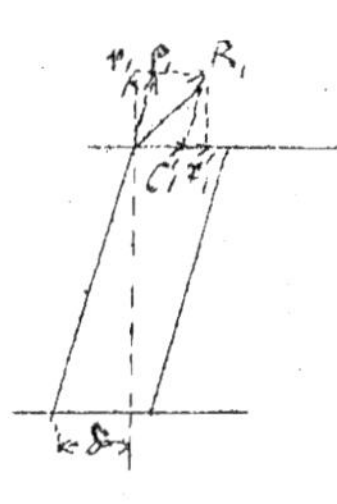

Si on a au contraire une cellule décalée en arrière, on voit que les forces ρ_1 et ρ_1' qui se substituent par suite du décalage aux forces r_1 et r_1' obtenues dans une cellule droite vont en diminuant à mesure que le décalage d augmente.

La formule (1) est d'ailleurs générale et convient à l'un et l'autre cas en faisant sur d la convention de signe suivante : d sera comptée positivement dans le cas d'un décalage en avant, négativement dans le cas contraire.

Pour l'incidence considérée, et dans cette dernière disposition, on voit que si d est suffisamment grand, ρ_1' peut s'annuler et même changer de sens. Si l'on appelle β l'angle que fait la direction de la résultante des actions de l'air sur l'aile avec l'horizontale, c'est-à-dire tel que:

$$tg\,\beta = \frac{Kx}{Ky}$$

ρ_1 s'accumulera pour une valeur du décalage δ telle que:

$$\frac{\delta}{h} = tg\,(\beta + i)$$

pour une incidence déterminée.

La conséquence de ceci, c'est qu'il peut se faire que, dans une telle cellule, les efforts développés dans le plan de l'aile soient inférieurs, pour l'incidence choisie au cours de l'étude, à ceux développés réellement pendant le vol. Il ne faudra donc pas se contenter ici du calcul ordinaire, mais se placer également dans les conditions les plus désavantageuses à ce point de vue: c'est le cas d'une chute verticale moteur arrête; pour l'incidence correspondant à une sustentation nulle,en supposant que l'on ait atteint la vitesse limite de chute. On admet en général,comme nous l'avons déjà dit,que la réaction de l'air sur les ailes est alors la moitié de la réaction totale, qui est elle-même équilibrée par le poids. Π de l'avion.

III - APPAREILS A HÉLICES PROPULSIVES

Dans un appareil à hélice propulsive,il n'y a pas en général de fuselage proprement dit, et la queue est reliée à la cellule par l'intermédiaire de poutres de réunion.

Les charges sur la queue donnent naissance dans ces poutres, à des efforts qui sont transmis à la cellule.

Tout d'abord les montants de la cellule qui sont situés dans les plans des poutres de réunion subissent un effort de compression supplémentaire dû à la présence des haubannages.

D'autre part les longerons de ces poutres de réunion sont soumis à des efforts de tension ou de compression, qui transmis à la cellule, s'ajoutent aux charges ordinaires situées dans le plan des ailes.

Par conséquent, dans un appareil à hélice propulsive, il faudra tenir compte d'un certain nombre de charges supplémentaires.

1°/ Quand le centre de poussée est en avant du centre de gravité de l'appareil.

a) augmentation des efforts de compression dans les mâts de cellule situés dans les plans des poutres de réunion.

b) augmentation des charges dans le plan de l'aile inférieure dans la région comprise entre les poutres de réunion

c) diminution des charges dans le plan de l'aile supérieure, dans la même région.

2°.- Quand le centre de poussée est en arrière du centre de gravité de l'appareil.

a) augmentation des efforts de compression dans les mâts de cellule situé dans les plans des poutres de réunion.

b) dimunution des charges dues à la trainée dans le plan de l'aile inférieure,dans la région comprise entre les poutres de réunion.

c) augmentation des charges dues à la trainée dans le plan de l'aile supérieure,dans la même région.

Nous avons supposé, bien entendu, avoir affaire à une cellule normale, dans laquelle la direction des charges dans le plan des ailes était la plus commune c'est-à-dire d'avant en arrière.

IV - APPAREILS MULTIMOTEURS

Nous ne pouvons plus ici supposer les masses concentrées dans le fuselage, le propulseur unique agissant dans l'axe de l'appareil. Si les actions de l'air sur les ailes sont réparties comme précédemment,il y a dans les fuseaux moteurs une concentration de poids dont il faut tenir compte.

Ces poids sont répartis entre les poutres avant et

arrière de la cellule, suivant la position du centre de gravité de la masse considérée. Si ce centre de gravité est située entre les 2 longerons, chaque poutre supporte une charge
dirigée de haut en bas; l'effet de ces charges dirigées en
sens contraire des charges dues aux actions de l'air, est de
diminuer d'autant les charges et par suite les efforts dans la
partie de la cellule, située entre les fuseaux moteurs.

Il arrive souvent que le centre de gravité du fu-
seaux-moteur est situé en avant de la poutre avant de la cellule. Dans ces conditions,la poutre avant supporte une charge
dirigée de haut en bas comme précédemment,tandis que la poutre arrière supporte une charge dirigée de bas en haut,dont
l'effet est d'augmenter d'autant les charges et par suite les
efforts dus aux actions de l'air sur l'aile dans la partie de
la cellule située entre les fuseaux moteurs.

La diminution des charges dans la poutre avant peut
parfois être assez considérable, pour que les haubans d'atterrissage soient tendus dans le vol normal.

Quand un appareil multimoteur atterrit,si les châssis d'atterrissage sont sous les fuseaux moteurs,la partie de
la cellule comprise entre les fuseaux moteurs est soumise
à des charges considérables. Les parties avant et arrière de
la cellule, doivent être considérées comme reposant sur des
appuis situés à l'aplomb des moteurs,et supportant la charge

de la partie centrale,

Quand on a un seul chassis d'atterrissage au centre de la cellule, les poids des fuseaux moteurs situés de part et d'autres interviennent dans les fatigues des membrures.

En ce qui concerne les poutres supérieures et inférieures il y a des modifications analogues.

Dans l'avion monomoteur à hélice tractive, la trainée de l'ensemble de l'appareil est équilibrée par la poussée de l'hélice,dans le vol normal.

Considérons par exemple un avion bimoteur et représentons le plan de l'aile.

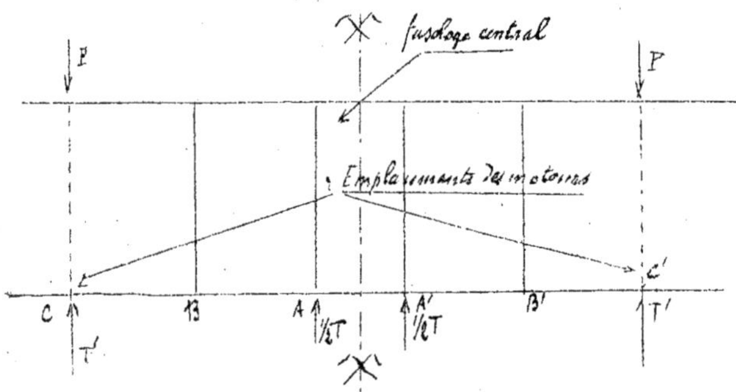

Les 2 moteurs sont disposés latéralement en C et C'

Les forces qui s'exercent dans le plan de l'aile sont les suivantes :

1° - La charge uniformément répartie due à la trainée, obtenue par les méthodes ordinaires. Soit r' par le lon geron avant de l'aile, r'_2 pour le longeron arrière, en supposant que nous ayons affaire à l'aile supérieure.

2° - Les charges dues à la trainée du fuselage central de l'appareil, et à celles des fuseaux moteurs, chargeurs qui sont concentrées aux points ou se trouvent ces organes: soient T et T'.

3° - La poussée horizontale des hélices, concentrées à l'emplacement des moteurs; soit P pour chaque moteur et qui doit équilibrer toutes les autres forces.

Une fois que ces forces auront été déterminées, la recherche des efforts dans les membrures se fera par les méthodes connues.

On devra apporter une attention toute spéciale aux croix d'incidences de la cellule, qui sont relatives aux fuseaux moteurs et au fuselage principal: c'est en effet par leur intermédiaire que se transmettent les trainées et les poussées des hélices au restant de l'appareil.

Dans le cas d'un avion bi-moteur, il est bon d'examiner encore le cas où l'on coupe les gaz de l'un des moteurs: une des poussées dues aux hélices disparait, et il en résulte une augmentation correspondante des charges des trainées dans la partie de l'appareil comprise entre les moteurs.

Enfin, au sol, s'il l'on fait tourner les moteurs au

point fixe,la direction des charges dues à la poussée des hélices est inversée; d'autre part,il n'y a pas de force de traî-
née. Il faudrait examiner ce cas à part. Il est d'ailleurs à
remarquer que dans cette circonstance, la grandeur des charges
dépend essentiellement du procédé employé pour retenir l'appareil; soit en plaçant des cales sous les roues du châssis d'atterrissage, soit en immobilisant la queue.

B/ ETUDE DES FUSELAGES D'AVIONS

I/ CONDITIONS DE RESISTANCE DES FUSELAGES -

Nous allons analyser les forces auxquelles est soumis
un fuselage d'avion, dans les différentes résistances du vol.

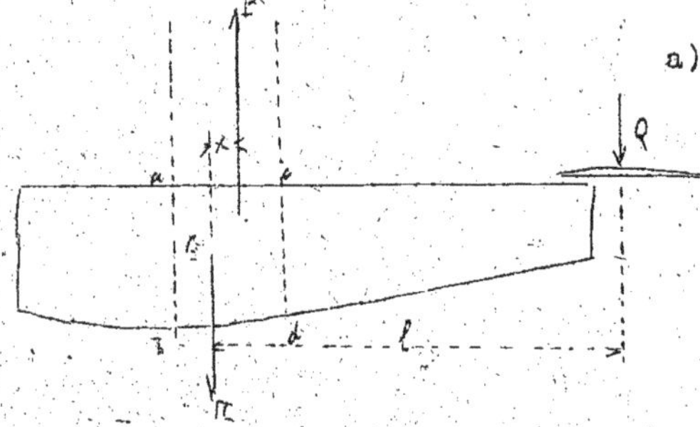

a) Forces verticales. Nous supposons que le vol est horizontal, rectiligne
et uniforme.
Les seules charges,

verticales qui agissent sur l'appareil sont alors :

1° - Le poids total Π appliqué au centre de gravité G

2° - La composante de sustentation P de la résultante des actions de l'air sur la cellule.

3° - La charge Q provenant de l'action de l'air sur le plan de queue.

La charge Q nécessaire pour l'équilibre de l'appareil est donné par l'équation

$$Q = \frac{\Pi \times x}{1 + x}$$

avec la condition

$$P = Q + \Pi = \frac{\Pi}{1 + x}$$

en comptant x négativement, quand P passe en arrière du centre de gravité G et positivement dans le cas contraire.

Si P passe en avant de G, Q agira de bas en haut Cela peut arriver pour de grandes incidences, ou bien en volant au 2ème régime, ce qui revient à peu près au même. Dans ces conditions d'ailleurs, Q n'atteint pas de très grandes valeurs.

Le plus généralement P passe en arrière de G et Q agit de haut en bas. Pour certaines petites incidences, le centre de poussée se déplaçant très loin vers la partie arrière de l'aile, la valeur de Q peut être très grande. Le maximum de cette valeur est atteint quand l'avion pique verticalement moteur arrêté et qu'il atteint sa vitesse limite de chute.

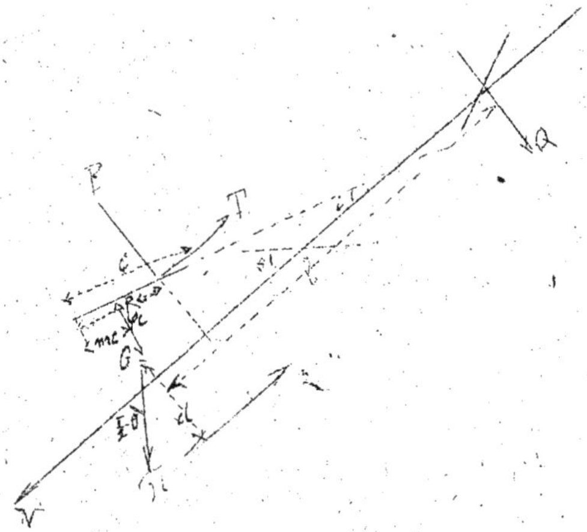

Considérons un avion piquant sous l'angle d'incidence i - Les actions de l'air sur le plan de queue se résument en une poussée, une trainée et un couple tendant à *le* briser.

Nous supposerons que la trainée se rapproche de la valeur minima, et par suite qu'elle est comprise dans la trainée du fuselage de l'appareil.

Nous négligerons le couple.

La poussée R dirigée de haut en bas est donc la seule force exercée par l'air sur le plan de queue.

Soient P et T la sustentation et la trainée relatives à la cellule; nous avons supposé, pour simplifier, que celle-ci se réduisait à un plan unique.

Soit, R la résistance à l'avancement du corps de l'appareil dans laquelle nous comprenons la résistance propre du fuselage, des mâts et des haubans, du train d'atterrissage et du plan de queue.

O est l'inclinaison de la trajectoire sur l'horizon

G est le centre de gravité général de l'appareil.

$$\frac{\pi}{S} = a \qquad \frac{\varphi}{S} = b$$

S et s étant respectivement les surfaces des plans principaux et du plan de queue.

Faisons la réduction des forces au centre de gravité ; les axes de projection seront la trajectoire et la normale à la trajectoire.

(1) π sin θ = R + T

(2) π cos + Q = P

(3) φl - Rd + To (φ cos i - (k-m) sin i) -
    - Po (φ sin i + (k-m) cos i) = o

D'autre part :

(4) $P = Ky. S \dfrac{V^2}{13} \mu_1$

(5) $T = Kx. S \dfrac{V^2}{13} \mu_1$

(6) $R = \sigma \dfrac{V^2}{13} \mu_1$ (Voir Dynamique de l'avion)

Des équations précédentes on tire :

$$(7)\ \pi^2 = \left(Kx + \frac{\sigma}{S}\right)^2 \left(S.\frac{V^2}{13}\mu_1\right)^2 + \left(ky.S.\frac{V^2}{13}\mu_1 - \varphi\right)^2$$

$$(8)\ \varphi\frac{1}{c} = S.\frac{V^2}{13}\mu_1\left[\frac{\sigma}{S}\frac{d}{c} - kx\ (\varphi\cos i - (k-m)\sin i) + ky\ (\varphi\sin i + (k-m)\cos i)\right]$$

En posant :

$$(9)\ \gamma = \frac{\sigma}{S}\frac{d}{c} - kx\ (\varphi\cos i - (k-m)\sin i) + ky\ (\varphi\sin i + (k-m)\cos i)$$

Il vient finalement :

$$(10)\ \varphi\frac{1}{c} = S\frac{V^2}{13}\mu_1$$

$$(11)\ = \pi^2 \left[\left(kx + \frac{\sigma}{S}\right)^2 + \left(ky - \frac{c}{I}\gamma\right)^2\right] \left(S.\frac{V^2}{13}\mu_1\right)^2$$

Entre les équations (10) et (11) on élimine facilement la vitesse V. et on aurait finalement une équation qui donnerait directement la valeur de φ, en fonction des caractéristiques aérodynamiques de l'aile Kx et Ky, du coefficient de résistance nuisible à l'avancement de l'avion et d'une fonction γ qui procède à la fois des caractéristiques aérodynamiques de l'aile et des propriétés géométriques de l'appareil.

Il serait par suite facile d'étudier la variation $\frac{d\varphi}{d\gamma}$ avec l'incidence i.

En réalité le maximum de φ est atteint pour l'angle d'incidence i_m qui est à peu près indépendant des constantes de l'appareil et ne dépend que du profil d'aile adopté.

On peut alors se proposer pour un avion quelconque, de chercher quelle est la valeur maximum de φ, connaissant le profil d'aile adopté pour l'avion et l'angle i_m pour lequel ce maximum est atteint.

Le problème peut être résolu graphiquement à l'aide d'abaques simples à construire, de la façon suivante.

Considérons la fonction auxiliaire :

$$(12) \qquad F = \frac{bsl}{aSc} = \frac{\varphi l}{\pi c}$$

C'est-à-dire, d'après (10)

$$(13) \qquad F = \frac{s.\dfrac{v^2}{13}.\mu_1.\gamma}{\pi}$$

On en tire immédiatement :

$$(14) \qquad \left(\frac{\gamma}{F}\right)^2 = \left(\frac{\pi}{s.\dfrac{V^2\mu_1}{13}}\right)^2$$

$$(15) \qquad \left(\frac{\gamma}{F}\right)^2 = \left(Kx.\frac{\pi}{S}\right)^2 + \left(Ky - \frac{c}{1}\gamma\right)^2$$

Connaissant l'angle d'incidence i_m, il est facile d'après l'équation (9) de représenter les variations du produit

$$\frac{\sigma}{S} \quad x \quad \frac{d}{c} \quad ,$$

en fonction de φ pour une valeur particulière de γ on a une droite si γ varie, on obtiendra de cette façon un réseau de droites.

Nous tracerons également le réseau de courbes représentant les variations de γ en fonction de $\dfrac{\sigma}{S}$, pour des valeurs constantes de F.

Pour utiliser ces 2 séries de courbes, on opérera de la manière suivante :

Considérons un appareil dont les caractéristiques tant aérodynamiques que géométriques sont bien connues; c'est-à-dire que les quantités

$$\frac{\sigma}{S} \quad d \quad c \quad \varphi$$

sont données. Le point de coordonnées $\dfrac{\sigma}{S} \times \dfrac{d}{c}$ et φ situé sur une droite du 1er réseau, nous donnera la valeur correspondante de γ. Cette valeur de γ et la valeur connue de $\dfrac{\sigma}{S}$ serviront à déterminer un point du 2ème réseau situé sur une courbe F. La valeur de F ainsi déterminée et la valeur cherchée on en tire la valeur de φ.

Les courbes ci-contre ont été tracées pour le profil d'aile R.A.F. 14 et pour l'angle d'incidence

$$i_m = - 3°,2$$

On a entrepris des expériences destinées à donner la valeur maximum de φ pour chaque appareil. Le dispositif adopté était celui figuré ci-contre.

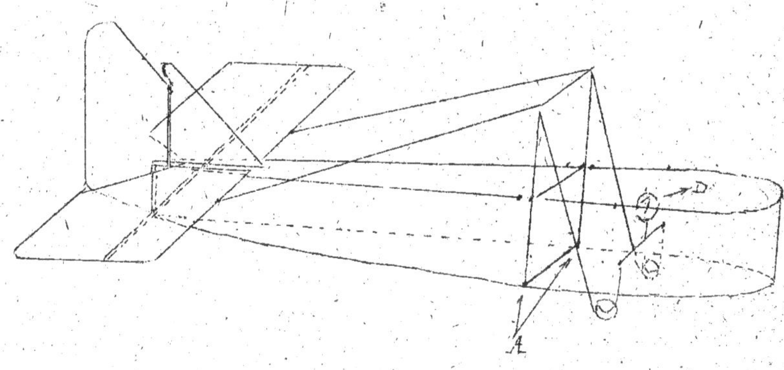

Le plan de queue est relié par l'intermédiaire d'un système articulé à un dynamomètre D à lecture directe, taré.

Ces expériences ont confirmé les calculs. Elles ont montré en particulier, que, étant donné un profil d'aile, le maximum de φ est bien atteint pour une incidence à peu près indépendante des constantes géométriques · de l'appareil.

En ce qui concerne par exemple l'aile R.A.F. 14, très employée à l'heure actuelle, elles ont montré d'accord avec la théorie, que le maximum de φ a lieu pour une incidence voisine de -3°,2. Elles ont encore montré que F peut varier depuis 0,8 - cas d'un avion bi-moteur jusqu'à 1 - cas d'un petit appareil de chasse, très rapide -.

Par conséquent, et en ce qui regarde l'aile R.A.F. 14, on peut admettre comme valeur approchée de la charge maxima sur le plan de queue :

$$\varphi = \frac{\overline{\mathcal{H}}}{\ell}c$$

Pour un autre profil d'aile, les conclusions précédentes sont modifiées. Mais l'allure générale des résultats reste la même . C'est ainsi que pour l'aile R.A.F. 15 qui est assez fréquemment employée, on peut prendre comme valeur approchée de la charge maxima sur le plan de queue :

$$\varphi = 0,6 \ \frac{\overline{\mathcal{H}}}{1}c$$

Enfin pour les calculs de résistance, on appliquera à la charge φ ainsi trouvée un facteur de sécurité convenable qu'on prend en général égal à 1,5.

Mais, en plus de cette charge, le plan de queue et le fuselage ont encore à supporter un effort important dans le cas d'une ressource brutale.

Les calculs rigoureux sont compliqués et conduisent

- 134 -

à des intégrations difficiles et sans grand intérêt.

La méthode approchée que nous allons exposer donne
des résultats suffisants.

Soient :

V_θ La vitesse de cabrage de l'avion.

V La vitesse limite à partir de laquelle une ressource
brutale peut briser les ailes.

n Le coefficient de sécurité de l'avion.

p La poussée sur les ailes.

Pour un vol normal à la vitesse V, on a :

$$(1) \quad p = \pi = ky \cdot S \cdot \frac{V^2}{13} \eta$$

Si on fait cabrer brusquement l'appareil, à
cette vitesse, la valeur de V ne change pas : le coefficient
ky prend une autre valeur $(ky)_0$ telle que :

$$(2) \quad \pi = (ky)_0 \, S \, \frac{V^2}{13} \mu =$$

et on a :

$$(3) \quad p' = (ky)_0 \, S \, \frac{V^2}{13} \mu = n\pi$$

Des 2 équations (2) et (3) on tire :

$$n = \left(\frac{V}{V_0} \right)^2$$

$$V = \sqrt{n} \, V_0$$

Soit i l'angle d'attaque qui correspond à la vitesse V

α L'angle que font les filets d'air déviés par les plans principaux avec la trajectoire.

β l'angle d'attaque du plan de queue mesurée par rapport à la trajectoire

le véritable angle d'attaque du plan de queue est i', tel que :

$$i' = \beta - \alpha$$

Or on a sensiblement :

$$\alpha = \frac{i}{2}$$

Par suite

$$i' = \beta - \frac{i}{2}$$

Supposons que pour faire cabrer l'appareil on déplace le gouvernail de pronfondeur de manière à obtenir sur le
plan de queue, et pour l'angle d'attaque i' precédent, la pous-
sé Q maxima : cela pourra se produire soit quand le gouvernail de pronfondeur est complètement relevé, soit pour un certain angle plus petit. Au reste ces essais peuvent se faire
sur môdèle réduit.

Quoi qu'il en soit, la charge sur le plan de queue
et sur le gouvernail de pronfondeur, correspondant au coefficient de sécurité n de l'appareil sera de la forme :

$$Q = (ky)_1 \; S \; \frac{V^2}{15} \, \mu = (ky)_A \; 1 \; s \; \frac{V^2}{15} \, \mu$$

Des 2 charges Q ainsi obtenues par 2 méthodes décou-
lant de considérations différentes on ne retiendra naturellement que la plus considérable.

Il convient de remarquer, à ce sujet, que la première valeur de Q exige que l'on tienne compte d'un certain facteur de sécurité, alors que la deuxième expréssion comporte
ce facteur.

Les autres charges verticales qui agissent sur le
fuselage sont constituées généralement par les poids morts
de la structure elle-même et les poids de la charge utile :
passagers, armement, combustible, et enfin groupes motopropulseurs.

Cas de l'atterrissage. - C'est dans le cas de l'atterrissage

que l'on obtient la plus grande charge verticale, dirigée
de bas en haut, qui puisse s'exercer sur le fuselage. Cette force prend naissance au contact de la béquille avec
le sol.

Il est difficile d'en déterminer la grandeur :
mais on connait la charge sur la béquille, quand l'appareil est au sol. On se contentera d'affecter cette charge
d'un coefficient de sécurité suffisant, et on étudiera la
résistance du fuselage dans ces conditions.

En général on prend un coefficient de sécurité égal à 6.

b/ Efforts latéraux.-

Les efforts sur le fuselage proviennent des
actions de l'air sur les gouvernails de direction et de
profondeur. Pour évaluer ces efforts, il faut étudier le
cas de l'avion volant à sa vitesse maxima, avec les gouvernails braqués à fond.

Dans le cas d'un bi-moteur, il faudra également étudier le cas de l'appareil volant horizontalement
avec moteur arrêté.

Quand on aura calculé ces efforts, latéraux,
on leur appliquera un coefficient de sécurité convenable, qu'on prend en général égal à 1,5.

Il est à remarquer que des efforts latéraux
ou longitudinaux peuvent encore prendre naissance dans
le fuse-

lage, par suite du recul des mitrailleuses et des canons de
37 ou de 47, voire de 75, au moment du tir. Il sera nécessaire
d'en tenir compte.

Enfin, il ne faut pas oublier les efforts provenant de la
poussée de l'hélice. L'action de cette poussée est évidemment
plus grande au départ que pendant le vol lui-même. On peut
adopter comme règle de faire résister le fuselage à la poussée statique augmentée de n fois les poids morts, n étant
le même coefficient de sécurité que celui prévu pour la cellule.

C/ Efforts de torsion. -

   Le fuselage peut être soumis à des efforts de torsion provenant de ce que les résultantes des actions de l'air
sur les plans stabilisateurs et sur les gouvernails de direction et de profondeur, ne sont pas exactement sur l'axe
neutre du fuselage.

   L'étude mathématique de ce problème est extrême-
ment compliquée, en raison des hypothèses nombreuses qu'il
est nécessaire de faire pour éviter des données surabondantes.

   Tout d'abord il faut supposer le fuselage parfai-
tement symétrique par rapport à un axe; une de ses extrémités est fixe; il est alors soumis à l'action d'un couple
situé dans le plan de la cloison extrème.

   On suppose que le fuselage est construit de la

manière habituelle. Dans chaque travée, horizontale ou verticale,- il y a un haubannage en diagonale, mais il n'y en
a pas dans les cloisons intérieures, à l'exception de la
cloison extrème. On suppose aussi que lorsque le couple est
appliqué, un câble sur deux de chacun des haubannages est
lâche . Enfin tous les assemblages sont articulés et on ne
tient pas compte de l'effet bouclant des charges dans les
mats et les longerons.

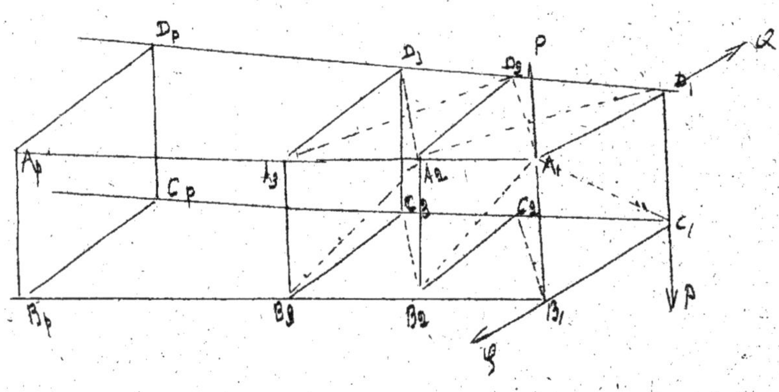

Le couple de torsion peut être décomposé en 2 autr
situées dans le même plan: le 1er + p agit verticalement, le

douxième + Q agit horizontalement.

Le fuselage est supposé en forme de tronc de pyramide, c'est-à-dire que les longerons sont rectilignes quand le couple de torsion n'est pas appliqué.

Nous supposons que le fuselage comporte n travées, et que la n^e travée $A_n\ B_n\ C_n\ D_n$ est maintenue fixe.

Nous supposons comme il a été dit, que seuls les câbles $A_1\ B_2$, $B_1\ C_2$, etc... sont tendus; les câbles $B_1\ A_2$ $C_1\ B_2$ etc... restent complètement lâches.

Enfin, on a supposé que les câbles de la cloison extrème $A_1\ B_1\ C_1\ D_1$ étaient supprimés, de telle manière que le fuselage reste tout juste rigide.

C'est le couple de torsion.

ω est la section d'un câble quelconque par un plan vertical.

ω' est la section de ce câble par un plan horizontal.

Enfin, étant donnés la travée de rang p $A_p\ B_p$ $C_p\ D_p\ A_p+1\ B_p+1\ C_p+1\ D_p+1$, nous poserons :

$$A_p\ B_p\ =\ C_p\ D_p = a_p$$
$$B_p\ C_p\ =\ D_p\ A_p = b_p$$
$$A_p\ B_p+1 =\ \ \ \ \ \ \ l_p$$
$$B_p\ C_p+1 =\ \ \ \ \ \ \ m_p$$
$$A_1\ A_p+1 =\ \ \ \ \ \ \ d_p$$

De plus pour simplifier l'écriture, nous poserons

$$L' = \sum_{p=1}^{p=n} \frac{l_p^3}{a_p^2\, a_{p+1}^2}$$

$$M = \sum_{p=1}^{p=n} \frac{m_p^3}{b_p^2\, b_{p+1}^2}$$

En appliquant convenablement dans chaque travée la méthode des sections, on obtient les résultats suivants :

Tension du câble $A_p\, B_{p+1}$ $t_p = \dfrac{a_1\, l_p}{a_p\, a_{p+1}}\, P.$

Tension du câble $B_p\, C_{p+1}$ $t'_p = \dfrac{b_1\, m_p}{b_p\, b_{p+1}}\, Q.$

Compression du longeron $A_p\, A_{p+1}$ $C_p = C = \dfrac{d_p}{a_{p+1}}\, P + \dfrac{d_{p-1}}{b_p}$

Compression du longeron $B_p\, B_{p+1}$ $C'_p = \dfrac{d_p}{a_{p+1}}\, Q - \dfrac{d_{p-1}}{a_p}$

Compression du mât $A_p\, B_p$ $c_p = \dfrac{a_1}{a_p}\, P.$

Compression du mât $B_p\, C_p$ $c'_p = \dfrac{b_1}{b_p}\, Q.$

Enfin :

$$P = \omega' \frac{b_1^3\, M \cdot Q}{b_1^4\, M + a_1^4\, L}$$

$$Q = \omega' \frac{a_1^3\, L \cdot C}{a_1^4\, M + \omega'\, a_1^4\, L}$$

l'angle de torsion φ est donné par la formule :

$$\varphi \quad \frac{L.M. \; a^2 . \; b^2 . \; C}{E \left(\omega \; b_1^4 \; H + \omega \; a_1^4 \; L \right)}$$

E étant le module d'élasticité de la matière utilisée. Pour les câbles.

Naturellement tous ces efforts maxima, ne peuvent se produire tous en même temps. Le fuselage devra être calculé pour résister à chacun d'eux séparément.

En règle générale, les efforts les plus grands sont ceux qui sont dus aux charges verticales. Ni les charges latérales, ni les efforts de torsion n'amènent de modifications importantes aux résultats obtenus en ne considérant que les charges verticales.

Pour l'exécution des calculs, le plus simple est de considérer les parties avant et arrière du fuselage tout à fait séparément, comme des poutres en porte à faux, encastrées à une de leurs extrémités dans la partie centrale du fuselage située entre les faces avant et arrière de la cellule.

Quand à cette partie elle-même, elle ne supporte que de très faibles efforts qu'on peut facilement évaluer : Ce sont les efforts transmis dans les sections transversales /ab et cd par les mâts et les cordes à piano qui réunissent fuselage et cellule.

Considérons par exemple la partie arrière d'un fuselage et plaçons nous dans le cas des charges verticales. Cette portion de fuselage est soumise d'une part à une charge Q appliquée à son extrémité, dirigée de haut en bas, qui représente l'action de l'air sur le plan de queue, et que l'on aura calculée comme il a été dit plus haut.

L'emplacement de l'équipage est supposé à l'endroit indiqué : p_1 et p_2 sont les composantes de son poids.

L'expression de Q doit comprendre le coefficient de sécurité exigé, et les poids p_1 et p_2 devant être multipliés par le même coefficient.

Les efforts qui s'exercent sur les membrures peuvent être calculés par procédés différents: ou bien à l'aide de la méthode graphique de Crémona, nous ne reviendrons pas sur ce sujet: ou bien analytiquement en utilisant la méthode des sections: avec quelques pratique cette dernière méthode est très rapide, nous allons la décrire en détail.

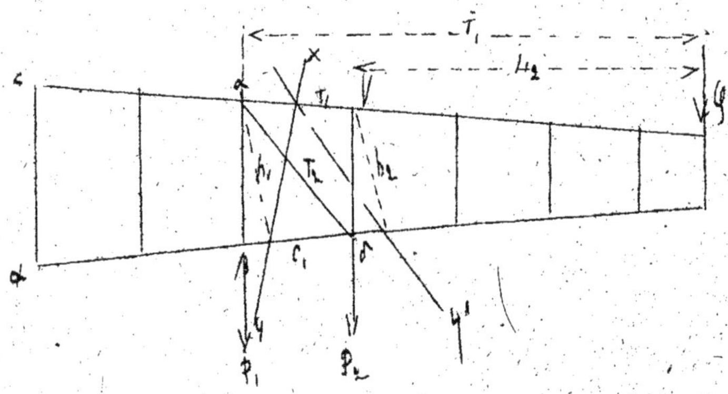

Considérons à titre d'exemple le panneau laté-
ral $\alpha\beta\gamma\delta$ du fuselage: nous allons chercher les efforts
qui s'exercent dans les membrures de ce panneau.

Nous n'avons figuré que les haubans tendus au
cours du vol.

Supposons que nous coupions le fuselage par le
plan xy et que nous supprimions toute la partie à gauche de cette section: les forces Q et p_2 doivent être
équilibrées par les forces intérieures suivantes:

T_1 tension dans le longeron supérieur

T_2 Tension dans le hauban $\alpha\delta$

C_1 Compression dans le longeron inférieur

Prenons les moments par rapport au point δ :

il vient :

$$(1) \quad T_1\,h_1 = Q\,L_1$$

équation qui détermine la tension T_1

Si nous prenons maintenant les moments par
rapport au point α on aura:

$$(2)\, Q\,L_2 + (L_2 - L_1)\,p_2 = h_2\,C_1$$

équation qui détermine la compression C_1.

Enfin si l'on prenait les moments par rapport
au point β on aurait une équation entre Q p_2 T_1 T_2 qui
donnerait la tension T_2.

Reste à trouver l'effort de compression dans
le montant $\gamma\delta$: pour cela il suffit de couper le fuse-

lage par un plan XY' et on prendra les moments par rapport au point de rencontre des longerons supérieur et inférieur du fuselage, en supposant que l'on supprime toute
la partie du fuselage située à gauche de XY'. On a une
équation entre P, Q et la compression dans le mât W', qui
permet de déterminer cette dernière.
Et ainsi de suite, pour tout le fuselage.

11/ CALCUL DES MEMBRURES DES FUSELAGES.

Pendant le vol les longerons inférieures du fuselage sont comprimés, les longerons supérieurs sont tendus.

Le contraire se produit au moment de l'atterrissage.

Les haubans des cloisons transversales ne travaillent pas en général: Ils n'agissent que lorsqu'un
hauban d'une des parois latérales est brisé. en transmettant la charge normalement supportée, par ce dernier
à l'autre paroi latérale.

à) Calcul des longerons.

La formule d'Euler ne peut être employée pour
des travées de cette dimension. On emploiera la formule
de Rankine.

Dans cette formule d'ailleurs, la constante
subit l'influence du marouflage généralement adopté

pour les longerons du fuselage. Le marouflage en effet
augmente la résistance à la compression en même temps
qu'il modifie profondément le mode de rupture. En effet,
sous l'action des charges de compression, les flèches
que prend un longeron non ma_mouflé changent de sens dans
chaque travée; il n'en n'est pas même dans le cas du
marouflage.

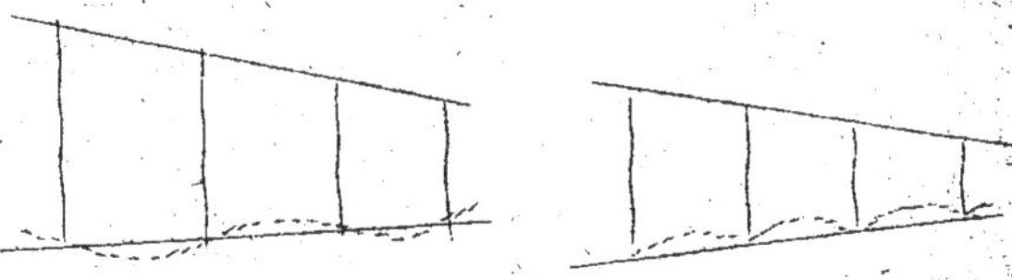

Quoi qu'il en soit, si P est la charge de rupture du longeron dans la travée de longueur 1, on devra
avoir :

$$P = \frac{R}{1 + \frac{1}{5200} \quad \frac{1^2 \mathcal{\Omega}}{1}}$$

$\mathcal{\Omega}$ Section transversale du longeron

1 moment d'inertie de la section par rapport à un
axe de la section perpendiculaire au plan de flambage.

R résistance de la matière à la rupture par compression.

b) Calcul des montants verticaux et horizontaux.

On emploiera la formule de Rankine sous la forme suivante :

$$P = \frac{R}{1 + \dfrac{1}{3000} \quad \dfrac{1^2}{I} \, \Lambda}$$

c) Calcul des haubans.

Comme d'ordinaire.

C/ ETUDE DES ORGANES DE DIRECTION ET DE CONTROLE.

1/ Conditions de résistance des gouvernes.

La détermination exacte des forces qui s'exercent sur les gouvernes d'un appareil est un problème très délicat, et presque impossible à résoudre, en l'absence d'expériences.

Il est cependant nécessaire de se faire une idée au moins approchée de la grandeur des forces en jeu. Dans les petits appareils, il est évidemment difficile de réduire suffisamment les dimensions des éléments pour obtenir la résistance tout juste nécessaire: on est limité la, comme ailleurs par des possibilités de construction, et le problème devient une pure question d'oeil et d'expérience.

Mais dans le cas de gros appareils, lourdement chargés, il n'en n'est plus de même. Les forces en jeu deviennent considérables, et il importe d'en déterminer au moins grosso modo, l'ordre de grandeur.

A défaut de recherches expérimentales approfondies, on peut, pour estimer ces forces, employer l'une ou l'autre des 2 méthodes suivantes: chacune d'elle ayant ses avantages et des inconvénients.

1èere méthode.- Un pilote ne peut exercer sur le manche à balai qu'une traction limitée. Si la charge supportée par le gouvernail est assez élevée pour contre balancer et au-dela l'effort du pilote, le manche à balai revient en sens inverse jusqu'à ce qu'il y ait équilibre entre la charge sur le gouvernail et la traction exercée par le pilote sur le manche à balai.

Par conséquent, si on connaît l'effort maximum que le pilote peut exercer sur le manche à balai on pourra, en tenant compte naturellement de la démultiplication des transmissions, calculer la charge maxima qui peut agir sur le gouvernail.

Le défaut de cette méthode est précisément que la à force que peut développer un homme est une quantité assez indeterminée; dans les moments critiques, en effet, un individu est capable de fournir un effort bien supérieur à ce que peut indiquer une expérience.

2ème méthode.-- Cette deuxième méthode ne procède que des propriétés aérodynamiques de l'appareil et des surfaces qui constituent les gouvernails; c'est la méthode idéale, bien évidemment mais la difficulté vient du manque de résultats expérimentaux.

On obtient d'assez bons résultats en écrivant
que pour une surface S inclinée dans un courant d'air de
vitesse V , la poussée sur cette surface est égale à :

$$P = Ky . S . \frac{V^2}{15}$$

Ky étant un coefficient unitaire de poussée. Si on
connait ky et V on aura P.

a) <u>Plan de dérive et gouvernail de direction.-</u>

La deuxième méthode est celle qu'il faut appliquer
ici. La première, dans le cas d'un gouvernail compensé,
n'aboutit pas, faute de pouvoir déterminer d'une manière
certaine le centre de pression de la surface.

La valeur de Ky qu'on adoptera dans le calcul,
s'obtiendra par voie d'expériences si possible.
Ce sera en principe la valeur maxima, obtenue au moment
d'un changement de direction dans le vol, pour un angle
d'attaque déterminé du gouvernail.

Si on ne possède pas de résultats expérimentaux,
même sur modèle réduit, on peut prendre pour Ky

$$Ky = 0,05$$

Valeur légitimée par la mauvaise forme générale de la
surface au point de vue aile sustentatrice .

Pour V on prendra naturellement la vitesse maxima
de l'appareil en vol normal.

Il faudra enfin multiplier la charge ainsi cal-

culée par un coefficient de sécurité convenable, en général 1,5.

b) Ailerons.-

On peut appliquer aux ailerons la même méthode,
mais par suite du meilleur allongement de la surface,
les qualités sustentatrices sont augmentées, et en l'absence des résultats expérimentaux on pourra prendre

$$Ky = 0,0^6 25.$$

c) Gouvernail de profondeur. -
Les expériences très complètes qui ont été faites,
soit sur petits modèles, soit en vol, ont montré que le
centre de pression sur le plan de queue et le gouvernail
de profondeur peut prendre   toutes les positions possibles.

En l'absence d'une documentation plus précise,
on prendra la charge maxima calculée comme il a été dit
plus haut dans l'étude des fuselages, et on supposera
cette charge également repartie.

)11)-Calcul des éléments de gouverne.-
a) Plan de dérive et gouvernail de direction.-

Les calculs relatifs à ces différentes parties
de l'appareil seront nécessairement assez grossiers.

Les éléments les moins importants seront calculés
comme poutres transmettant leur part de la charge, aux
éléments principaux : à savoir les bords d'attaque et

et de sortie. Les montures du gouvernail de direction et
du plan de dérive.

Quand aux éléments principaux ainsi définis, on
les calculera en ajoutant aux charges concentrées qui
proviennent des éléments moins importants, les charges
qui leur incombent naturellement d'après leur place dans
l'ensemble.

Le calcul devra être conduit compte tenu de la
flexion et des efforts de tension et de compression provenant du haubannage.

Dans certains cas, la torsion interviendra:
en particulier s'il s'agit de surfaces compensées analogues à celle figurée ci-contre.

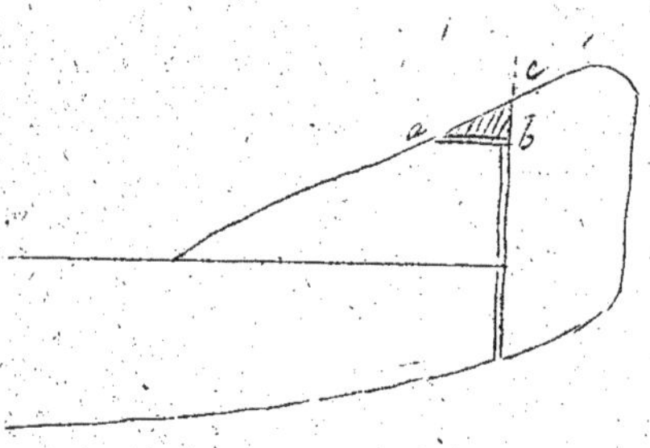

La partie abc gouver-
nail de direction qui
donne la compensation
crée dans l'ensemble de
la surface du fait des
actions de l'air sur elle,
un couple de torsion
qu'il ne faut pas négliger.

b) <u>Plan de queue et gouvernail de profondeur.-</u>

Le plan de queue n'est autre chose qu'un monoplan haubanné. Une fois déterminées les charges qu'il
supporte, on lui appliquera les méthodes connues, deve-

loppées précédemment.

La distribution de la charge sur le plan de queue est très mal connue. Tout d'abord, la partie centrale qui repose sur le fuselage peut être considérés comme ne supportant aucune charge.

En l'abscence d'une expérimentation plus précise on admet généralement que les 2/3 de la partie du plan de queue, disposée en porte à faux, sont chargés en plein, et que l'ensemble de la charge peut porter tout à tour sur les longerons avant et arrière.

Dans le cas d'une queue biplane, le calcul se conduira comme pour un biplan ordinaire.

Dans le calcul du longeron AR du gouvernail de profondeur, il faut remarquer que les efforts exercés sur le gouvernail se transmettent finalement à ce longeron, comme charges concentrées appliquées aux charnières.

C/ Ailerons.-

Mêmes principes que pour l'étude des gouvernails de profondeur.

D/ ETUDE DES TRAINS D'ATTERRISSAGE. (1)
-:-:-:-:-:-:-:-:-:-:-:-:-

Le calcul donne immédiatement les charges supportées par les trains d'atterrissage, les essieux et

____
(1) Extrait de la circulaire P.23 du 10 Décembre 1918 de la S T Aé

les béquilles quand l'avion est au repos sur un sol horizontal.

Pour tenir compte des atterrissages durs, dans le calcul des trains d'atterrissage et des béquilles on affecte ces charges d'un coefficient de sécurité convenable, et qui peut varier suivant les appareils et les organes étudiés.

Pour le train d'atterrissage, la Section Technique de l'Aéronautique française demande un coefficient de sécurité égal à 5. De plus ces efforts peuvent avoir une composante horizontale égale à la moitié de la composante verticale.

En général l'énergie est absorbée par des liens élastiques établis convenablement. On est d'accord aujourd'hui pour demander à ces liens élastiques une puissance telle pour que les efforts définis précédemment et égaux à 5 fois les charges statiques, ne soient pas dépassés, lorsque l'appareil tombe verticalement de 0m,50 s'il s'agit d'un appareil de jour, de 1 mètre s'il s'agit d'avions de nuit. Le réglage doit être tel que les liens élastiques entrent efficacement, dès que les efforts dépassent ceux qu'ils supportent au repos.

Il faut d'autre part qu'à bout de course, aucune des parties fixées de l'avion ne touche le sol.

1° La résistance du patinage et du train d'atterrissage proprement dit à une charge égale à 5 fois

le poids de l'avion peut être facilement réalisée et le
calcul en est simple.

2°/ Pour les roues, la condition revient à l'écra-
sement total du pneu sur sa jante seulement sous cet effort. Le tableau suivant donne le nombre maximum de kilogrammètres absorbables au choc sans rupture pour les
différentes roues Standard, en usage à l'heure actuelle.

ROUES	PRESSION de GONFLEMENT	NOMBRE w_1 maximum de kilogrammè-tres absorbables	EFFORT F_1 maximum correspondant à l'é-crasement
650 x 80	3^k	45	900
700 x 100	3^k	90	1400
750 x 125	4^k	200	5000
800 x 150	5^k5	340	4500
1000 X) 180	6^k	680	7000

On déterminera les dimensions et le nombre des
roues du train d'atterrissage de telle façon que,

$$F_1 > \frac{5 \, W}{n}$$

Les n roues travaillant simultanément. Chaque roue su-
bissant au plus un effort égal à

$$F_2 = \frac{5 \, W}{n}$$

Elle absorbera, on admettant la proportionnalité de
l'effort au travail absorbé :

$$w_2 = \frac{F_2}{F_1} . \; w_1 \text{ kilogrammètres.}$$

Quand l'avion tombera de la hauteur définie ci-dessus,

3°/ Les roues étant choisies comme il vient d'être dit, en supposant que l'avion tombe d'une hauteur de h metres, il reste à absorber à l'aide des extenseurs

$$\pi h - n w_2 = \varphi$$

Kilogrammètres.

Si on a p patinages, chacun d'eux supporte au repos un effort:

$$\frac{\pi}{p} = \pi_1 \quad \text{kilogs.}$$

et dans chaque patinage si r est le nombre des sections déterminées dans un enroulement d'extenseurs par un plan horizontal tangent inférieurement à l'essieur chaque brin correspondant à une des r sections supporte une tension

$$t_1 = \frac{\pi_1}{r} \quad \frac{\pi}{pr}$$

Les courbes n° 1 donnent pour les extenseurs Standard la tension t en kilogs qui correspond à un allongement donné. On peut donc pour un Sandow quelconque, connaitre l'allongement initial et le nombre r de sections à choisir, pour que l'effort dans chaque brin soit légèrement supérieur à t_1. On réalise ainsi les dispositions nécessaires pour que les liens élastiques entrent en jeu dès que les efforts sur l'ensemble dépassent le poids π de l'avion

Il faut au point de vue pratique que le choix du Sandow et de r soit tel, que la tension t_1 permet-

te un enroulement commode. Pour cela il faut en général
que l'allongement initial soit de 5 à 10 %

A bout de course, la tension dans chaque brin
devra être

$$t_2 \leq \frac{5\mathcal{K}}{pr}$$

Il correpond à cette tension, un allongement qu'il ne faut
pas dépasser sous peine de rupture.

Les courbes n° 2 donnent pour un sandw dé-
terminé le travail nécessaire φ_1 pour passer de l'allongement
initial à l'allongement final correspondant à t_2, pour une
longueur de 1 mètre d'extenseur.

Or chaque brin doit absorber un travail

$$\varphi_1 = \frac{\varphi}{pr}$$

Parconséquent la longueur moyenne du brin au
repos sera :

$$\frac{\varphi_1}{\varphi_1} \quad \text{mètres}$$

La course de l'essieu s'en déduira.

Si cette longueur de brin n'est pas compa-
tible avec le mode de construction, on devra par tâtô-
nements sur les valeurs des allongements initial et final,
surtout, satisfaire aux relations précédentes.

Exemple : Soit un avion de nuit pour lequel

$$\mathcal{K} = 4300 \text{ kilogs.}$$

1°/ Choix des roues.   Nous supposons 4 roues :

$$F_2 = \frac{5\,\mathcal{R}}{n} = \frac{5 \times 4300}{4} = 5375 \text{ kilogs.}$$

La roue de 1000 × 180 vous donne

$$F_1 = 7000.$$

Elle convient. Sous un effort limité à $\frac{5\,\mathcal{R}}{n}$, chaque roue

absorbe :

$$W_2 = \frac{F_2}{F_1} \quad W_1 = 522 \text{ kilogrammètres.}$$

Il restera donc à faire absorber par les Sandows :

$$\varphi = 4300 \times 1.4 \times 522 = 2212 \text{ kilogrammètres.}$$

2°/ Sandows. Chaque patinage supporte au repos (il y aurait

deux patinages, 1 par couple de roues) .

$$\mathcal{R}_1 = \frac{\mathcal{R}}{p} = \frac{4300}{2} = 2150 \text{ kilogrammes}$$

et les enroulements d'extenseurs auront à absorber chacun :

$$\frac{\varphi}{p} = 1106 \text{ kilogrammètres}$$

Si nous choisissons un Sandow n° 180 avec un allongement ini-

tial de 5%, on aura une tension initiale

$$t = 32 \text{ kilogrammes}$$

par section. Il faudrait donc pour équilibrer le poids de

l'avion un nombre de sections r :

$$r = \frac{2150}{32} = 68$$

Chiffre trop élevé à cause de l'encombrement; si l'on prend

7% d'allongement initial,

$$t = 40 \text{ kilogs}$$

$$r = \frac{2150}{40} = 54$$

chiffres acceptables.- Afin d'avoir un léger excès de tension

on prendra pratiquement :

$$\begin{cases} \text{allongement initial al}_1 = 8\% \\ r = 54 \end{cases}$$

Si nous prenons un allongement final al$_2$ = 100%, les courbes

11 nous donnent pour 1 mètre d'extenseur passant de l'allon-

gement AL$_1$ à l'allongement AL$_2$ un travail nécessaire

$$\varphi_1 = 171 - 6 = 165 \text{ kilogrammètres}$$

On a à absorber dans chaque brin

$$\varphi'_1 = \frac{\varphi}{pr} \quad \frac{110^6}{54} = 20,5 \text{ kilogrammètres}$$

La longueur du brin moyen devrait donc être

$$\frac{\varphi'_1}{\varphi_1} = \frac{20,5}{165} = 0^m124$$

La longueur totale des sandows serait alors par patinage :

$$1 = 0,124 \times 54 = 6^m70.$$

Mais le diamètre d'essieu et la construction du patinage ne

permettent pas des brins de 0^m124 même après allongement de

8%.

Si nous prenons comme allongement final 75%,

les courbes 11 nous donnent :

$$\varphi' = 106 - 6 = 100 \text{ kilogrammètres.}$$

$$\varphi'_1 = \frac{20,5}{100} = 0^m205$$

$$\ell = 54 \times 0,205 = 11^m10.$$

Il se trouve que ces dernières données sont conci
liables avec la construction,

L'effort maximum transmis au chassis pour un all
gement de 75% serait de 125 kilogs par brin :

$$125 < \frac{5 \, \mathcal{K}_1}{r} = \frac{5 \times 2150}{54} = 199$$

Nous aurons d'autre part par patinage un effort :

$$125 \times 54 = 6750 \text{ kilogs}$$

Or les roues pour absorber le W_2 qui a servi de point de départ ont à subir un effort :

$$5375 \times 2 = 10.750 = 5 \, \mathcal{K}_1$$

par patinage. Nous garderons donc la dimension de 20,5 centimètres pour le brin moyen, mais nous l'allongerons jusqu'à obtenir une tension égale à

$$\frac{5 \, \mathcal{K}_1}{r} = 199, \text{ kilogs.}$$

pourvu que l'allongement correspondant ne soit pas supérieur
à 110%.

Cette tension correspond d'après les courbes 1
à un allongement de 101%.

Elle est donc acceptable.

Remarque. Dans tout ce qui précède on a supposé les brins
de l'enroulement parallèles aux efforts à équilibrer: il en

est bien rarement ainsi, et l'obliquité des différents brins
dans les enroulements diminue grandement l'efficacité des extenseurs en forçant d'abord à augmenter le nombre des brins
qui travaillent alors fort mal, par suite des frottements, puis
en ne permettant pas, les déplacements de l'essieu étant toujours limités pour éviter la butée du patinage sur le sol,
de réaliser un allongement suffisant.

      l'obliquité des brins intervient dans la déter-
mination de r.

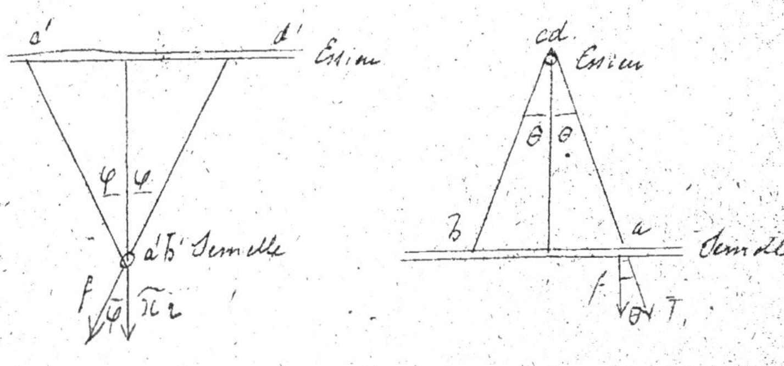

Chaque patinage supporte ______

En aa' par exemple on aura :

$$T_1 = \frac{f}{\cos\theta} = \frac{\pi_1}{\cos\theta\,\cos\varphi}$$

en posant

$$\pi_1 = \frac{\sigma\,\pi}{p}$$

et la tension initiale des r brins devra être

$$T_2 = \frac{\sigma\,\pi}{p}\,\frac{1}{\cos\theta\,\cos\varphi}$$

Tous les résultats sont identiques à ceux obtenus en supposant le brin parallèle à l'effort, au facteur

$$\frac{1}{\cos\varphi \ \cos\theta}$$ près.

On continuera comme précédemment, et la course nécessaire sera donnée par une épure mettant en place le brin moyen, avec l'allongement final Al_2 %

posant le bien parallèle à l'effort, au fâcheux

coup, coup $\dfrac{1}{\ }$ près.

On continuera comme précédemment, et la cons-
se nécessaire sera donné par une épure montant au place le bien moyen, avec l'allongement final Al_2

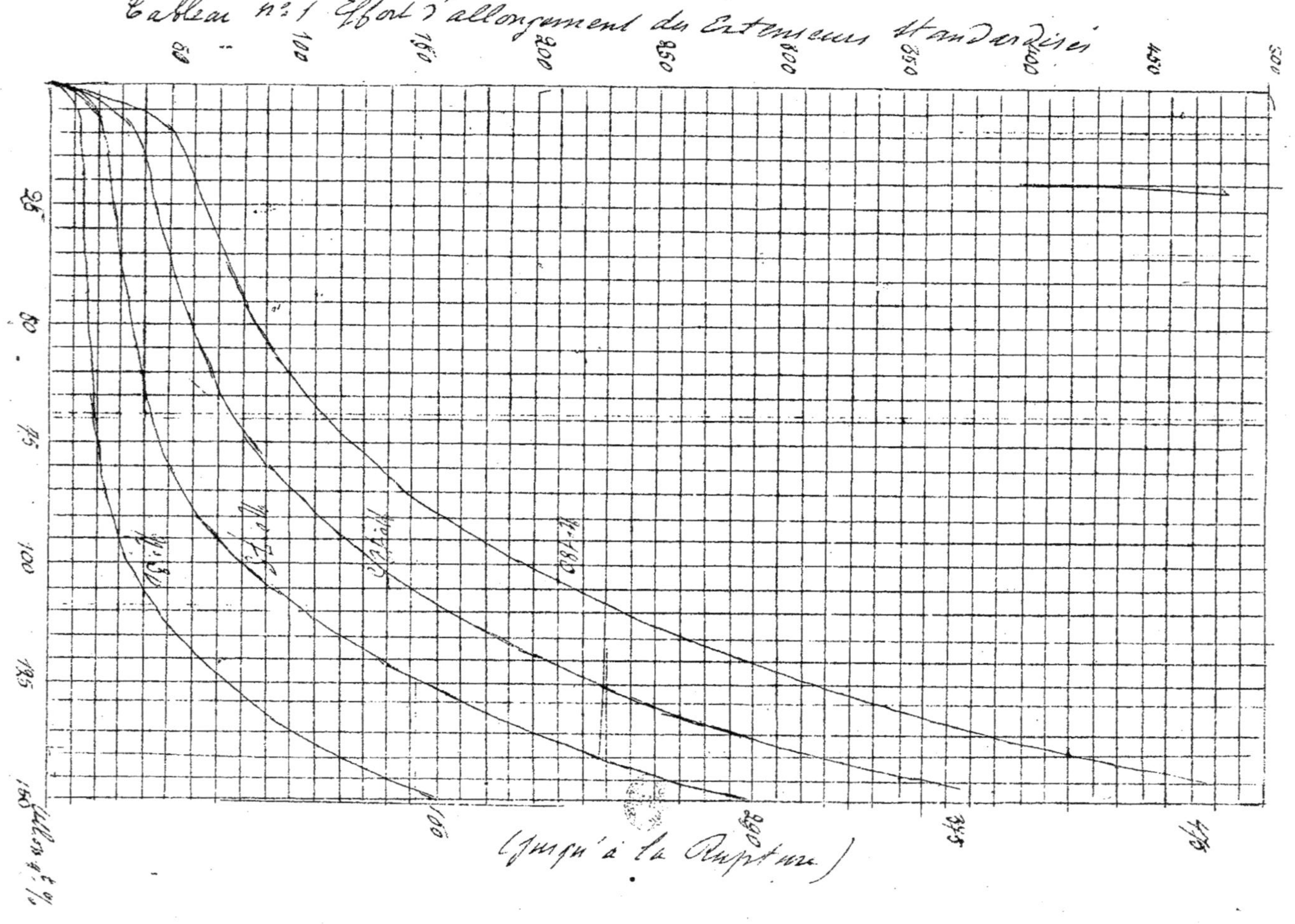

Tableau n°1 Effort d'allongement des Extenseurs Standardisés
allong. t %
(Jusqu'à la Rupture)
N.3l
N.1.lh
N.lblh
N.180

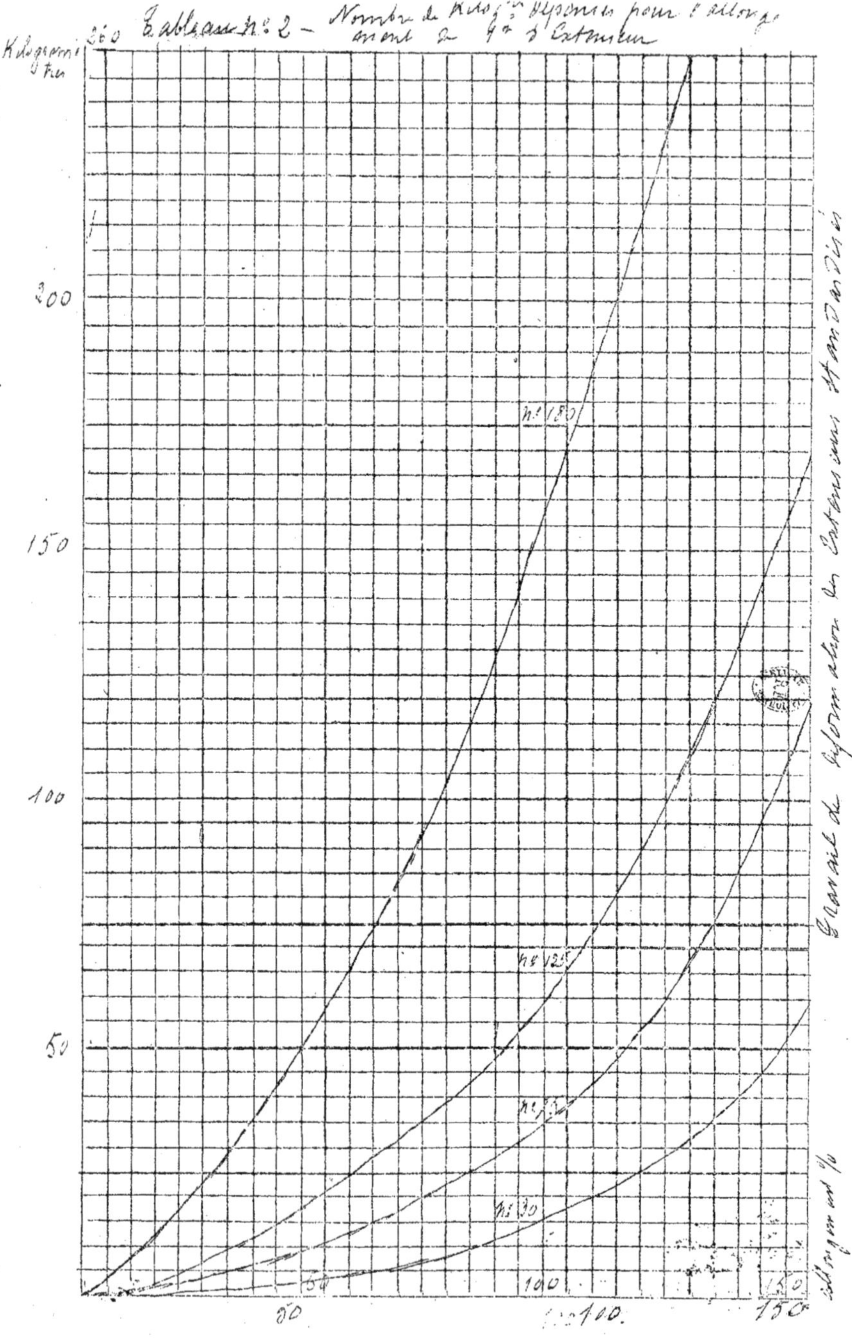

Tableau n° 2 – Nombre de kilog. dépensés pour l'allongement de 4% d'Extension
Kilogrammes
200
150
100
50
n° 180
n° 125
n° 75
n° 30
50
100
150
Travail de déformation des extenseurs sous 4% en kilog.
Allongement en %

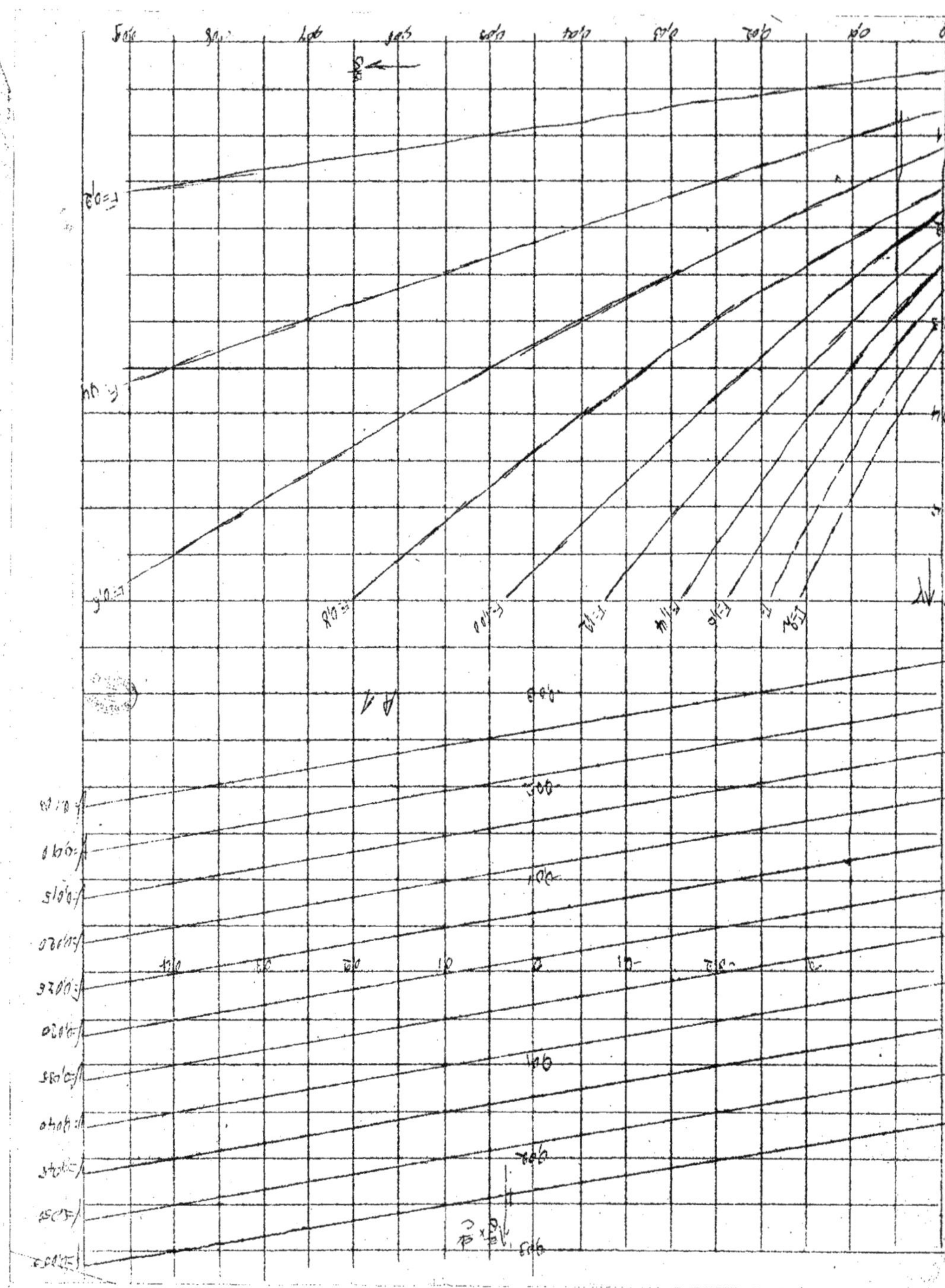

~Epure de Chaud:
Demi Cylindre hor: